joshua weissman

Textur über Geschmack

joshua weissman

Textur über Geschmack

DK

DK | Penguin Random House

DK Indianapolis
Verlagsleitung Mike Sanders
Lektorat Ann Barton, Brook Farling,
Alexander Rigby, Christopher Stolle
Gestaltung William Thomas, Rebecca Batchelor
Artdirektion Fotografie & Illustration Joshua Weissman
Fotografie Ralph Smith Studios, Vicram Chatterjee
Illustration Priscilla Witte

Für die deutsche Ausgabe:
Verlagsleitung Monika Schlitzer
Programmleitung Heike Faßbender
Projektbetreuung Julia Sommer
Herstellungsleitung Dorothee Whittaker
Herstellungskoordination Bettina Bähnsch
Herstellung Evely Xie

Titel der englischen Originalausgabe:
Joshua Weissman: Texture Over Taste,
erschienen bei DK Publishing, 2023,
in den Vereinigten Staaten von Amerika,
1745 Broadway, 20th Floor, New York, NY 10019
DK, a Division of Penguin Random House LLC

Übersetzung Helmut Ertl
Lektorat Carmen Söntgerath
Satz Martin Feuerstein

ISBN 978-3-8310-4818-2

Druck und Bindung C&C Offset Printing, China

FSC www.fsc.org MIX Papier | Fördert gute Waldnutzung FSC® C018179

www.dk-verlag.de

Für meine Eltern

Ich habe alle meine Bücher (und fast jeden meiner Erfolge) meinen Eltern gewidmet. Nicht weil sie mir die Arbeit abgenommen hätten, sondern weil sie mir beigebracht haben, ich selbst zu sein. Sie haben mir etwas ermöglicht, das viele Eltern ihren Kindern vorenthalten: meinen eigenen Weg zu gehen und die Dinge zu tun, die ich möchte. Ohne ihre große und unablässige Unterstützung hätte ich dieses Buch nicht geschrieben. Einige meiner Freunde tun nur ihren Eltern zuliebe Dinge, die sie eigentlich nicht mögen. Ich bin dankbar dafür, dass ich Menschen um mich hatte, denen mein Glück wirklich am Herzen lag und die mich in meinen Zielen und Träumen unterstützt haben, egal wie verrückt sie schienen. Ich weiß nicht, wo ich ohne euch wäre. Danke, Mom und Dad.

Inhalt

Was ich sehe ...

B-Roll

Was ihr seht …

Ihr habt euch also auch mein zweites Buch gegönnt. Falls ihr mein erstes gekauft oder geschenkt bekommen habt und jetzt in diesem blättert – danke. Ich glaube, ich liebe euch. Verdammt, und wenn es das erste Buch von mir ist, das ihr aufklappt – ebenfalls danke. Vielleicht liebe ich euch trotzdem. (Okay, jetzt mal ernsthaft Josh.) Ich möchte diesen wichtigen Moment nutzen, um ein paar Dinge loszuwerden. Zunächst einmal zu dem Foto auf der vorhergehenden Seite: Es ist eine Hommage an den Küchenschrank, den ich in meinen Videos Hunderte Male geöffnet habe, um zu euch zu sprechen. Die Idee kam direkt über den Community Tab aus den Kommentaren auf meinem YouTube-Kanal, nachdem ich euch gefragt hatte, ob ich in diesem Buch vielleicht eine Art Osterei verstecken sollte. (Die Idee stammt aus den Top-Kommentaren, bedanken könnt ihr euch bei David Stowe.)

D @davidstowe7880 • 2 months ago

Ich finde, die erste Seite sollte eine Schranktür von innen zeigen, die wir dann öffnen, und auf der nächsten Seite ist dein Gesicht zu sehen und dazu folgt ein Gruß von dir.

4K 52

Es hat Spaß gemacht, dieses Osterei zu platzieren, doch brennt mir etwas Wichtigeres unter den Nägeln: Danke! Ich würde es gern dreihundertmillionenmal hintereinanderschreiben, nur wäre das ziemlich platzraubend, also lest es einfach wieder und wieder, so oft ihr wollt. Wann immer ich meine Dankbarkeit ausdrücken möchte für das, was ihr für mich getan habt, um meine Träume wahr werden zu lassen, finde ich einfach nicht die richtigen Worte. Ich möchte, dass ihr wisst, wie sehr ich euch wertschätze. Ja, auch dich, die Person, die dies gerade liest. Und ich möchte euch Folgendes mit auf den Weg geben: Was immer ihr euch in eurem Leben erträumt, es kann wahr werden. Es gibt immer einen Menschen da draußen, der sich für euch interessiert und zuhört, was ihr zu sagen habt. Und versucht unbedingt herauszufinden, was euch glücklich

Was ist Textur?

Ich will ganz ehrlich sein: Allein diese Frage hinzuschreiben hat mich Überwindung gekostet. Es scheint eine dumme Frage zu sein. Und natürlich gibt es dumme Fragen, auch wenn man gern höfliche Floskeln bemüht wie »Keine Sorge, Kumpel, es gibt keine dummen Fragen«, aber da macht man sich etwas vor. Es gibt wirklich dumme Fragen. Doch gibt es noch etwas viel Schlimmeres als dumm zu fragen – nämlich überhaupt nicht zu fragen. Manchmal regt eine dumme Frage dazu an, sich über Dinge Gedanken zu machen, über die man andernfalls achtlos hinweggeht. Textur zum Beispiel. Also fühlen wir der Textur mal auf den Zahn.

Im kulinarischen Kontext meint Textur gewöhnlich die sensorische Wahrnehmung der physikalischen Eigenschaften eines Nahrungsmittels – man könnte es auch »Mundgefühl« nennen, andere sprechen von »Konsistenz«. Es gibt jede Menge Begriffe zur Beschreibung von Textur, und sie alle führen geradewegs in die Untiefen der Semantik. Sie beschreiben eine spezifische Textur, jedoch auf unterschiedliche Weise. Es gibt Haupttypen von Texturen und ihre Subtypen. Knusprig oder *crunchy* zum Beispiel wäre ein Haupttyp, ein Subtyp von knusprig wäre etwa krümelig oder körnig. Krümelig ist für mich eine leichtere, fast luftige Form von Crunch, ohne dieses harte, brechende Knacken und Krachen. Ist ungefähr klar, was ich meine? Das nennt man Semantik. Man könnte nun ins Feld führen, dass es Hunderte von Grundtexturen und Untertypen von sensorischer Wahrnehmung gibt. Wie aber lässt sich das eingrenzen?

In diesem Buch habe ich Textur auf sechs Grundtypen heruntergebrochen, die gewissermaßen eine komplette »Mahlzeit« abdecken. Innerhalb dieser sechs Grundtypen gibt es Dutzende untergeordnete Texturen. Selten bestimmt nur eine Textur das Mundgefühl. Deshalb wird jedes Rezept in den nachfolgenden Kapiteln der jeweiligen Haupttextur zugeordnet. Die Textur ist der erste Impuls, der uns Appetit auf eine Speise macht. Sie ist sozusagen die Hauptattraktion der Esserfahrung. Das Schöne ist, dass jedes Rezept ähnliche Texturen mit anderen Rezepten teilt, so kann ein Haupttyp im Orchester einer Esserfahrung durchaus auch der Bass statt der ersten Geige sein.

Kurioserweise beginnt unser Esserlebnis lange bevor wir etwas in den Mund nehmen. (Beherrscht euch, bitte!) Wer kennt sie nicht, die Redewendung »Das Auge isst mit«? Ich behaupte, sie bezieht sich auf die visuelle Präsentation von Textur. Einfach gesagt: Die äußere Erscheinung und Form einer Speise impliziert bereits das bevorstehende Mundgefühl. Die visuelle Wahrnehmung hat auch Einfluss auf den Geschmack, doch der Anblick eines Messers, das durch eine geräucherte Rinderbrust gleitet, während sich der schimmernde Saft dampfend über die Küchentheke ergießt und das Fleischstück wackelt und zittert wie ein dicker, runder … jetzt muss ich mich beherrschen. Man kann das Bissen für Bissen zarte, saftige Fleisch förmlich auf der Zunge spüren. Gewiss haben wir auch eine Vorstellung vom Geschmack, doch verrät der optische Eindruck mehr über die Textur als über den Geschmack.

Die eigentliche Erfahrung von Textur beginnt natürlich erst, wenn wir in etwas hineinbeißen. Wir sind uns wohl alle einig, dass die Wahrnehmung von Textur beim Kauvorgang ziemlich eindeutig ist. Ich will nicht vollmundig über das Kauen dozieren, aber achtet das nächste Mal, wenn ihr an einem gedeckten Tisch Platz nehmt, darauf, was sich da abspielt. Ist es knusprig? In welcher Weise? Und wie verändert sich der Crunch, während die Backenzähne ihre Arbeit verrichten? Gibt es vielleicht andere Texturen, die sich ergänzend darüberlegen ließen, um den Genusswert zu steigern? So wie sich ein guter Wein und eine Speise gegenseitig ergänzen, gibt es Möglichkeiten, auch Texturen miteinander zu vermählen.

Und der Geschmack?

Zum Aufwärmen zunächst eine kleine Tirade. Allzu viele Leute glauben, sie wüssten Bescheid, wenn es ums Essen und Kochen geht. Ihr mögt jetzt denken, das sagt ausgerechnet er, der erst recht glaubt, er hätte die Weisheit mit Löffeln gefressen. Natürlich gehöre ich zu denen, die glauben, sie hätten recht – versteht mich nicht falsch, es gibt viele Leute, die recht haben. Recht zu haben setzt voraus, dass man über ein fundiertes Wissen über etwas verfügt und trotzdem in der Lage ist, es einfach und verständlich zu vermitteln. Eine richtige Antwort kann eine unter 50 richtigen Antworten sein. Ich habe mich darüber in meinem letzten Buch ausgelassen, darum will ich euch nicht allzu sehr damit langweilen. Doch zu viele Leute glauben, sie könnten in Sachen Küche und Kochkunst mitreden, obwohl 99 Prozent von ihnen nie in einem Restaurant gearbeitet oder eine Profiküche bei Hochbetrieb von innen gesehen haben. Ja, genau auf euch schimpfe ich. Okay, ich scherze (ein bisschen). Tatsächlich bin ich froh, wenn sich die Menschen fürs Essen begeistern.

Ist der Geschmack denn ganz egal?

Allein der Gedanke, den Geschmack zu ignorieren, ist ein kulinarischer Sündenfall. Die Koch- und Esskultur folgt einer Alchemie, die sich nur durch endlose Wiederholung und Verfeinerung und im Umfeld von Menschen erreichen lässt, die Tag für Tag das Gleiche tun. Das ist das fehlende Glied in der Kette, das – wenn überhaupt – in nur wenigen Kochbüchern zur Sprache kommt. Es geht um Fertigkeiten, die sich nur durch Erfahrung erwerben lassen. Wenn man diese Fertigkeiten richtig einzusetzen weiß, kann jeder Moment in der Welt des Essens zu einem besonderen Erlebnis werden. Wäre da nicht ein großes Problem: Nahezu alle Kochbücher, die ich gelesen habe (sogar die Fachbücher) unterschlagen gut die Hälfte dessen, was gutes Essen ausmacht, weil da dieser Aspekt ist, der nie so beleuchtet wird, wie er es verdient hätte – und dieser Aspekt heißt Textur.

Fast jedes Kochbuch legt den Schwerpunkt auf den Geschmack eines Gerichtes oder die dem Buchthema zugrunde liegenden Aromen; es gibt Kochbücher, die sich ausschließlich dem Geschmack widmen. Versteht mich nicht falsch, zufällig besitze auch ich manche dieser Bücher, darunter sind sogar einige meiner Favoriten. Der Grund, warum sich Autoren zuallererst dem Geschmack widmen, liegt auf der Hand: Er ist eines der wichtigsten Kriterien eines Essens. Wohl wahr. Wenn wir übers Essen reden, denken wir zuerst daran, wie gut etwas schmeckt. Was wir dabei jedoch übersehen, ist dieser entscheidende Mitspieler, der nicht minder wichtig ist. Wenn nicht sogar wichtiger. Guter Geschmack lässt sich mit minimalem Aufwand und relativ einfach realisieren, Textur hingegen erfordert Technik. Textur verlangt vorsätzliches, zielgerichtetes Handeln, um etwas wirklich Herausragendes hervorzubringen. Klar, Kartoffelchips sind toll, weil sie Crunch haben, das wissen wir alle. Ich denke, die meisten verstehen das. (Bemerkt? Da steht »die meisten«.) Doch die Komponente Geschmack zu meistern, ohne die Komponente Textur zu beherrschen, ist wie ein atemberaubendes Gemälde, das auf dem Boden an der Wand lehnt. Auch dort mag es eine Augenweide sein, aber genau genommen gehört es da nicht hin. Es muss an der Wand hängen, um richtig zur Geltung zu kommen.

Dieses Buch will so eine Art Steigbügelhilfe sein. Es ist die Essenz aus mehr als einem Jahrzehnt meiner Berufserfahrung – die Höhen und Tiefen in meinem Leben als Koch, die Beziehungen, die ich durch meinen obsessiven Einsatz für das Küchenhandwerk verpfuscht und abgebrochen habe, die Zehntausende von Stunden, die ich investiert habe, um zu verstehen, wie man Dinge zubereitet, die nicht nur gut schmecken, sondern das Leben lebenswert machen. Zugegeben, für manchen ist bereits ein simpler Corn Dog (Würstchen in knusprigem Maisteig) die Erfüllung, werden wir also lieber nicht zu philosophisch. Ich reduziere alles auf ein einziges, entscheidendes Element, das die meisten vernachlässigen, wie ich glaube: Textur. Ich hoffe, es gelingt mir, euch eines der größten Geheimnisse näherzubringen, damit ihr das beste Essen eures Lebens auf den Tisch bringen könnt. Schließlich muss jeder Mensch essen, und wir alle verbringen einen beträchtlichen Teil unseres Lebens am Esstisch. Insofern geht es mir nicht nur darum, bessere Köche aus euch zu machen, meine Hoffnung ist, dass ihr beim Essen mehr Genuss empfindet als je zuvor.

Kurz gesagt, da die Textur bereits der halbe Genuss ist und zudem den Geschmack beeinflusst, ist sie in gewisser Weise genauso wichtig – wenn nicht sogar wichtiger – als der Geschmack. Das ist die Botschaft dieses Buches.

Textur + Geschmack

Textur ist alles

Ich erinnere mich, als ich mal mit meiner Frau, wir waren noch nicht verheiratet, in einem Coffeeshop war. (Das fängt ja gut an, Josh, muss das wirklich sein? – Ich will auf etwas Wichtiges hinaus, also ein bisschen Geduld bitte.) Wir sind also in diesem Coffeeshop, wie fast jeden Morgen. Ich arbeite viel, denn ich liebe meine Arbeit, und meine Tage sind gewöhnlich ein einziges Durchstarten mit einem endlosen Strom von Gedanken und Ideen. Ruhe finde ich bei meinem morgendlichen Klassiker, einem Halbliter-Latte aus vier Shots Espresso und Hafermilch. Ich habe kein Problem mit Milch, aber Hafermilch passt perfekt zu einem starken Latte Macchiato. Und bevor ihr nachfragt: Ja, es sind immer vier Espresso. Jeden Morgen. Ich starte nun mal gern mit einer schlagkräftigen Dosis Koffein und Geschmack in den Tag.

Wie auch immer, meine Frau überlässt mir gern die knusprigen Enden ihres Croissants. Sie weiß, wie sehr ich darauf stehe. Und sie weiß, dass ich bestimmte Dinge auf meine ganz spezielle Art und Weise genieße – vor allem ein gutes Croissant. Es ist dieser unglaublich luftige, knusprige Crunch, der förmlich unter der Schädeldecke vibriert, wenn man in so ein Endstück beißt. Für mich etwas ganz Besonderes. Andere wiederum picken nur die Krume aus ihrem Croissant heraus. Wie ein sadistischer Neandertaler. Das ist dann ihre Version von einem knusprigen Ende.

Für mich hörte die Welt jedoch nicht an den Enden eines knusprigen Croissants auf. Diese Faszination begreife ich erst jetzt, nachdem ich mich durch die Mühlen der Selbstreflexion gearbeitet und fast mein ganzes Leben lang mit dem Küchenhandwerk beschäftigt habe. Immerhin blicke ich auf mehr als zehn Jahre Berufserfahrung als Selbstständiger und in der gehobenen Gastronomie zurück, wobei sich glücklicherweise auch meine Stirnlappen entwickelt haben. Vielleicht habe ich das von meinen Eltern, die beide gern kochen und essen. Die Summe einzigartiger Erfahrungen, die ich im Laufe meines Werdegangs sammeln durfte, haben mein Interesse für einen Aspekt geweckt, über den weniger gesprochen wird, als man vermuten würde – und dieser Aspekt heißt Textur. Ja, die Leute denken daran, und Köche sprechen darüber, aber explizit wird das Thema viel zu wenig diskutiert. Rollen wir die Geschichte mal von vorne auf.

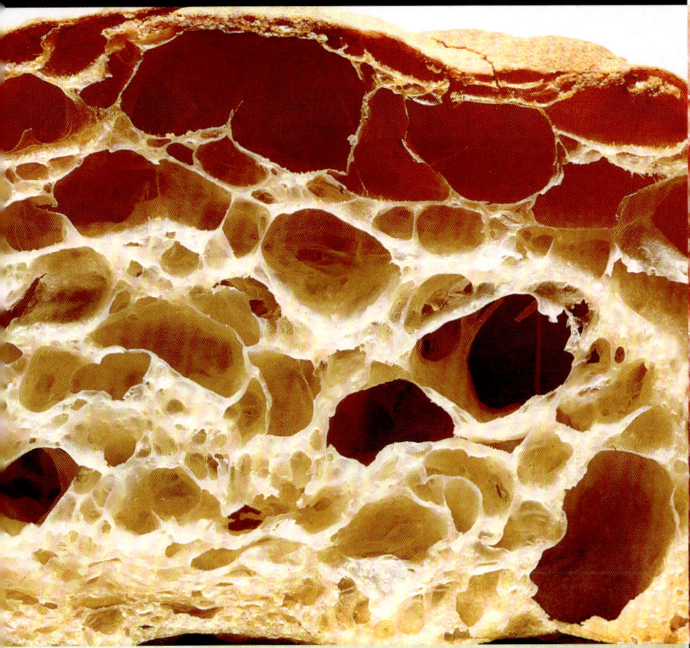
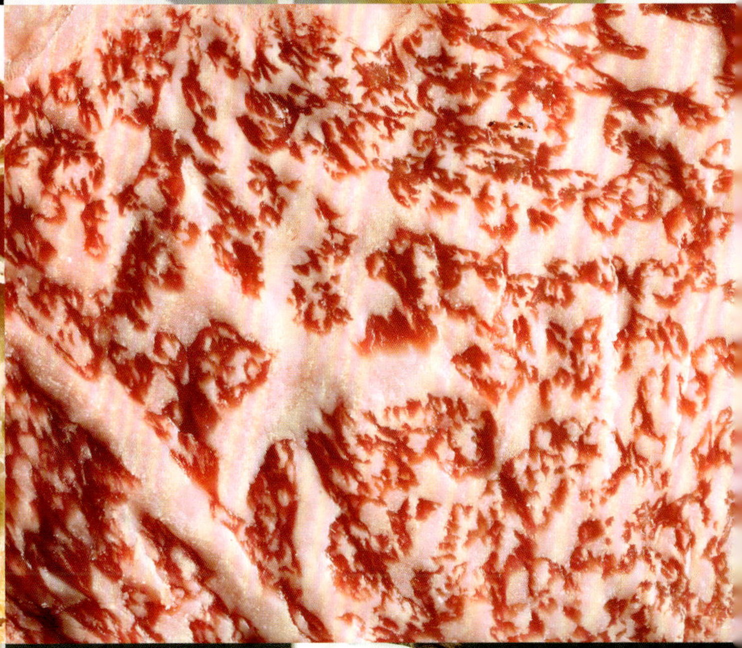

Heureka!

Auch wenn dieser Abschnitt unbedeutend scheint, erzählt er paar der wichtigsten Begebenheiten aus meinem Leben. Sie haben mir vermittelt, was gutes Essen wirklich ausmacht und warum Textur eine der wichtigsten, wenn nicht die entscheidende Komponente im gesamten Prozess ist. Doch seid gewarnt. Ich werde ein paar lästige Themen ansprechen, wie Diäthalten und Abnehmen, möchte aber klarstellen, dass dieses Buch nichts mit irgendeiner Art von Diät zu tun hat. Im Gegenteil. Wenn ihr abnehmen wollt, könnt ihr das Buch zuklappen. Die Geschichte transportiert eine grundsätzliche Botschaft, und ich kann mir vorstellen, dass sich viele darin zumindest zum Teil wiederfinden.

Als junger Teenager habe ich mich reichlich mit Diäten befasst und alle möglichen ausgefallenen und neumodischen Trends ausprobiert, um möglichst »gesund« zu leben. Es war eine regelrechte Obsession, gewachsen auf dem Nährboden einer traumatischen Kindheit, in der ich wegen meines Übergewichts gehänselt wurde und so weiter ... Ich erspare euch die rührselige Geschichte, denn ehrlich gesagt, ist sie bedeutungslos, außerdem liegt sie lange zurück. Davon abgesehen habe ich so ziemlich jede Diät ausprobiert, die es gibt. Ich habe einen Ernährungsberater konsultiert, mich an diversen Online-Quellen versucht, mir Bücher über Low-Carb-Ernährung zugelegt, dann kam noch Paleo auf. Und wenngleich ich dabei tatsächlich kräftig abspeckte, versagte ich mir auch jene Dinge, die ich für mein Leben gern aß und von denen ich als Kind nicht mal wusste, dass sie problematisch sein könnten. Jede weitere Einschränkung führte unweigerlich zur nächsten. Zuerst strich ich zuckerhaltige Früchte, dann ballaststoffarme und stärkereiche Lebensmittel, schließlich verzichtete ich komplett auf Getreide, und zuletzt verlegte ich mich darauf, fast alle stärke- und kohlenhydratreichen Produkte auszumustern. Erdbeeren und Brokkoli gehörten noch zu den kohlenhydratreichsten Speisen, die ich zu mir nahm. Ich hatte ein Ziel vor Augen, darum empfand ich es nicht als so schrecklich wie es klingt. Tatsächlich kam ich erstaunlich gut klar mit der kärglichen Kost, und ich habe diese Entscheidungen nie bereut.

Warum zum Teufel erzähle ich das alles? Warum sollte das irgendwen kümmern? Weil die Sache zu einem unfreiwilligen Versuch am lebenden Objekt wurde, und das ist der Punkt, auf den ich gleich kommen will. Stellt euch vor, ihr esst nur noch zuckerarme Beeren und absolut keine Kohlenhydrate mehr, nicht einmal die allgegenwärtige Trendkost des Jahrzehnts: die Süßkartoffel. Tag für Tag, Monat für Monat, fast drei Jahre lang.

So geschehen zwischen 2010 und 2012. Rückblickend war das eine ziemlich peinliche und trostlose Ära in Sachen Ernährung, zumal für das Food-Blogging. Ich hoffe, wir blicken da alle mit ein bisschen Scham zurück. Nicht dass es keine fabelhaften Food-Blogs gegeben hätte, doch die meisten waren schrecklich. Auch ich habe mich in jener Zeit nicht mit Ruhm bekleckert. Gut, ich war damals 16 und voller Begeisterung fürs Essen und Kochen. Und obwohl ich mich dieser entbehrungsreichen Diät verschrieben hatte, so war ich doch Feuer und Flamme, meine Fertigkeiten im Küchenhandwerk weiterzuentwickeln. Solange ich denken kann, war es mein oberstes Ziel, so gut wie nur möglich zu werden, daran hat sich bis heute nichts geändert. Selbst in der Phase meiner extrem strengen Diät blieb ich im Grunde

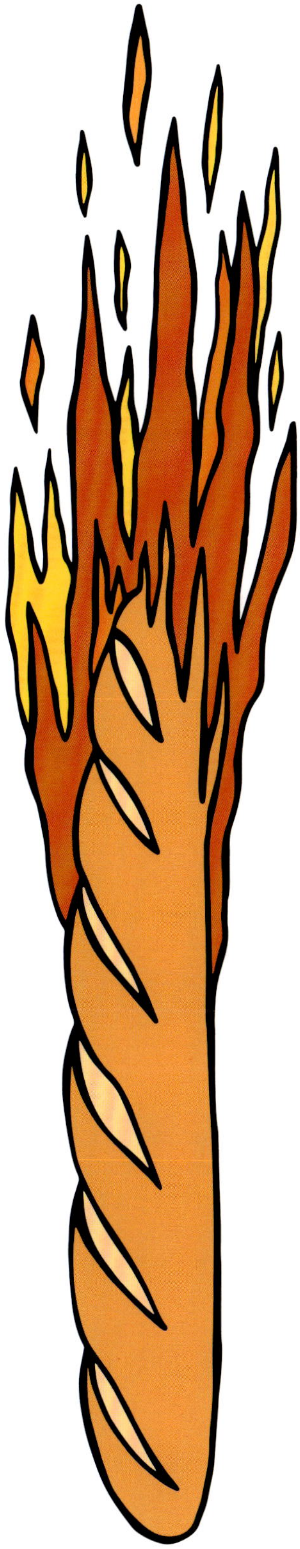

immer bestrebt, meine Technik zu verbessern, meine Fähigkeiten beim Entwerfen von Rezepten zu optimieren und so weiter. Es war wie eines dieser perfekt reinigenden Gewitter.

Wie gesagt, es fiel mir relativ leicht, mit meinen selbstauferlegten Einschränkungen zu leben, zumal sie zur Normalität wurden. Das heißt jedoch nicht, dass ich nicht gern ein paar knusprige Chips geknabbert oder in eine herzhafte Scheibe Sauerteigbrot gebissen hätte. Überkam mich einer dieser Momente, fand ich Ruhe in der Gewissheit, dass ich Wege finden konnte, die Dinge, auf die ich Appetit hatte, so zu gestalten, dass sie im Einklang mit meinen Diätvorschriften standen. Ich konnte die Kenntnisse aus meinem Studium der Ernährungswissenschaften, mein Wissen über die Molekulargastronomie und eine Reihe von altbewährten Kochtechniken nutzen, um mir in irgendeiner Form den Weg zu diesen Speisen zu bahnen. Der ganze Prozess kreiste um immer dieselbe Frage: Warum vermisste ich diese Dinge? Was unterschied sie von dem, was ich Tag für Tag zu mir nahm? Der Geschmack war es nicht. Der Geschmack von getoastetem Brot oder Pasta Carbonara lässt sich auch ohne Brot oder Pasta imitieren. Das war es nicht, was den unwiderstehlichen Appetit auf all diese Dinge schürte. Es war ihre Textur, die ich mehr vermisste als alles andere. Ich glaube, das kann niemand auf der Welt wirklich nachvollziehen, der noch nie so lange komplett auf Pizza, Pommes und Burger (mit richtigen Burger-Brötchen) verzichtet hat, dass er sich kaum mehr erinnern kann, wie es ist, diese Dinge zu essen.

Ein zufälliges Selbstexperiment

In jener Zeit war mein Leben von der Suche nach Textur geprägt, wenngleich mir das selbst nicht so bewusst war. Ich wusste bereits, wie man den Geschmack in ungeahnte Höhen katapultieren konnte, die eigentliche Herausforderung bestand darin, das gleiche Mundgefühl zu erzeugen, das die Originale charakterisierte. Dennoch erreichten meine Kreationen nur 50 bis 70 Prozent dessen, was ich mir erhofft hatte. Machen wir uns nichts vor: Die meisten glutenfreien Brote schmecken scheußlich. Das habe ich längst kapiert. Man kann dem Original nahekommen – da bin ich Optimist –, aber glutenfreie Brote halten dem Vergleich zum klassischen Brot aus richtigem Mehl und Gluten nicht stand. (Ehrlich, wer da draußen allergisch auf Gluten reagiert, hat mein volles Mitgefühl.) Ohne Gluten hat Pasta nie dieses kernig-mehlige Mundgefühl, Pizzateig nicht dieses elastische Ziehen und Reißen und von Pommes in den USA ganz zu schweigen. Zugegeben, auch frittiertes Gemüse ist etwas Feines, aber es sind nun mal keine Pommes.

Ich verbrachte Jahre damit, der gewünschten Textur auf die Spur zu kommen, bis ich eines Tages den Vorsatz, all die geliebten Dinge nicht zu essen, über Bord warf. Ich beschloss, mich ausgewogen zu ernähren, und begann die ehemals verbannten Speisen zu rehabilitieren. Es war äußerst motivierend, wieder einzusteigen und in der Lage zu sein, mich selbst zu beherrschen. Da war eine Sache, die ich sofort bemerkte. Der erste Biss in ein perfektes Croissant oder einen prallen, kernigen Bagel nach Jahren der Abstinenz änderte alles, sofort. Ich ging nach der High School nach Italien, wo ich meine gesamten Ersparnisse auf den Kopf haute, um das Maximum herauszuholen. Es war in *L'antica Pizzeria da Michele* in Neapel, als ich erstmals nach drei Jahren wieder in eine Pizza biss. Sie servierten dort Pizza Marinara, Pizza Margherita, Wasser und Bier. Das war's. Ich biss hinein, schloss die Augen und kaute. Es hätte mich fast umgehauen, so gut war die Textur – wie diese schwarz gefleckte Unterseite der Pizza krachend brach, während sich meine Zähne hineingruben, gefolgt von diesem sanften, fügsamen Reißen, und dann dieses Mundgefühl beim Kauen … Dieser nachgiebige Biss war geradezu überirdisch – wie ein Midlife-Crisis-Ayahuasca-Trip. Der perfekte Teig, nicht zu zäh, nicht zu brüchig, alles war wunderbar rund.

Ich war den Tränen nahe. Nicht vor Freude, dass die Pizza wieder Teil meines Lebens war, sondern weil es mich daran erinnerte, warum ich mir in der Küche ein Bein ausreißen würde, nur um etwas Leckeres hervorzubringen. Es lehrte mich etwas zu schätzen, das wir Tag für Tag für allzu selbstverständlich halten. Mir wurde klar, warum mir so wichtig ist, dass andere Essen in der gleichen Weise erleben und genießen können wie ich. Der Geschmack einer Pizza lässt sich mit einer guten Sauce und ein bisschen Mozzarella von guter Qualität kopieren, aber nichts bringt diese Symphonie einer perfekten Pizza hervor ohne Mehl Tipo 00, Wasser, Salz und Hefe. Sprich: Textur, nicht Geschmack.

EIN MOMENT
DER GLÜCKSELIGKEIT

Wegweiser Textur

Gehen wir noch einmal einen Schritt zurück. Es ist nicht so, dass ich den Geschmack negiere oder für unwichtig halte. Er *ist* wichtig und ganz wesentlich für ein herausragendes Essen. Ich behaupte jedoch, dass der Geschmack nur die eine Seite der Medaille ist. Nach meiner Italienreise habe ich erkannt, wie wichtig Textur ist und wie man ein Gericht durch den gezielten Einsatz dieses Mittels aufwerten kann. Statt aufs College zu gehen, beschloss ich, weiter zu reisen, von anderen zu lernen, in europäischen Küchen zu arbeiten und anschließend in die Vereinigten Staaten zurückzukehren, um für Websites und Magazine Rezepte zu schreiben. Wohlgemerkt, ich war damals noch keine 18, durfte also nicht in Restaurants arbeiten. Ehrlich gesagt wusste ich mit 17 noch nicht einmal, ob ich es überhaupt wollte. Ich hatte den Wunsch, doch die Horrorgeschichten, die über die Arbeit in der Gastronomie kursierten, verunsicherten mich. Die Leute versuchten mir einzureden, ich wäre dem allemal gewachsen. Stellt euch das mal vor. Da sagt jemand, man hätte was auf dem Kasten, obwohl man ein kompletter Idiot ist, der schon an der Steuererklärung scheitert. Kommt schon, wenn ihr nicht mal Steuern zahlt oder sie wenigstens hinterzieht, werdet ihr es nie zu einer anständigen Kragenweite bringen. (War nur Spaß, macht euch locker.) Doch der Gedanke, in einem Restaurant zu arbeiten, ließ mich nicht los, bis ich schließlich auf einem Spaziergang in meinem Viertel das Hörbuch *Kitchen Confidential* von Anthony Bourdain hörte und mir klar wurde, dass ich es alles andere als draufhatte. In Wirklichkeit war ich nicht im Mindesten auf der Höhe der Dinge, wie sie in der Welt der Hochküche und Top-Restaurants gang und gäbe sind: die Hingabe, das beispiellose Streben nach Höchstleistungen, die Kameradschaft und das Verbindende eines gemeinsamen Ziels. An diesem Punkt schärfte sich mein Blick in einer Weise, wie ich es nie zuvor erlebt hatte. Es war, als wäre meine Sehkraft auf einen Schlag auf glasklare 20/20 angestiegen, wenngleich mich meine tatsächliche Sehschärfe zum Brillenträger machte. Meine Reaktion: *Verdammt, hör dir das an*. Ich lauschte Bourdains Worten und empfand seine Horrorgeschichten gar nicht als solche. Ich nahm sie auf, als wären es Ehrenabzeichen, verdient in der Hitze des Gefechts. Glorreiche Schlachten voller Enthusiasmus und Kreativität, in denen Köche mit ihren Zutaten all die Dinge taten, die ich auch gern tun wollte, ganz ohne Schranken. Wenn man bereit ist, sich anzustrengen, kann man erreichen, was man will, das war die Botschaft. Der Wunsch nach Spitzenleistungen im Küchenhandwerk war erfüllbar, alles war angerichtet für diejenigen, die es anpackten und sich ins Zeug legten. Es war der klassische Werdegang eines *chef de partie*.

Geheimnisse aus der Restaurantküche

Ich tat also, was jeder vernünftige Mensch tut. Ich verschrieb mich dem Amerika der Konzerne. Scherz beiseite – ich verabscheute die Vorstellung, in einem Büro zu arbeiten. Da ich bewusst auf einen College-Abschluss verzichtet hatte, wusste ich: jetzt geht's um die Wurst. Ich war zu 100 Prozent entschlossen, die Sache durchzuziehen und in die raue und faszinierende Welt der Gastronomie einzutauchen. Das erste Jahr war verwirrend. Ich arbeitete rund um die Uhr, mal hier, mal dort. Was mir nicht klar war: Ich wählte die falschen Häuser. Ich arbeitete in mittelmäßigen Bäckereien und Restaurants, die für meinen Geschmack zwar ganz ordentliches Essen fabrizierten, mir aber keinen besonderen Respekt abnötigten. Es war eher so ein Bauchgefühl. Ich konnte es nicht richtig greifen, spürte aber, dass ich nur an der richtigen Adresse landen müsste und ich wüsste: Hier bin ich richtig!

Und so kam es auch. Als ich hörte, wie die Kollegen über die Speisen *sprachen,* die sie gerade zubereiteten, fühlte es sich zum ersten Mal richtig an. Es war nicht nur die Zubereitung selbst, sondern diese greifbare Begeisterung für ihr Handwerk. Ich fühlte mich auf eigentümliche Weise wie zu Hause. Manche nennen es Stockholm-Syndrom, andere nennen es Leidenschaft, die über das hinausgeht, was für den Normalsterblichen nachvollziehbar ist. Alles wurde mit großer Liebe zum Detail zubereitet, alles mit mikroskopischer Präzision geschnitten, gewürfelt und gehackt. Saucen wurden zigmal abgeschmeckt und feinjustiert, bevor sie die Freigabe für den Service bekamen. Das Restaurant war wie eine gut geölte Maschine, die jeden Gast behandelte, als wäre er der erste. Zu Hause habe ich schon immer so gekocht, sogar als Kind. Alles musste so perfekt wie irgend möglich sein, bevor es auf dem Teller landete. Und während wir alle aßen, bewertete ich das Ergebnis, denn ich wusste, dass es noch besser geht. In jenem Restaurant hat es bei mir Klick gemacht.

Zum ersten Mal in meinem Leben beschloss ich, die Klappe zu halten und zuzuhören. Ich konzentrierte mich darauf, wie ein Schwamm so viel wie möglich aufzusaugen. Nicht, dass ich das umfangreiche Wissen, das ich mir von klein auf in der Küche erworben hatte, über Bord geworfen hätte. Im Gegenteil, ich behielt es im Hinterstübchen, öffnete mich aber gleichzeitig für neue Ansichten und Techniken, um meinen Fundus zu erweitern.

Was ich durch die Arbeit in verschiedenen Top-Restaurants gelernt habe, läutete ein neues Kapitel in meinem Leben ein. Eine der wichtigsten Lektionen war, dass es nie nur einen Weg gibt. Es gibt für *alles* immer mehrere Methoden, Techniken und Hintertürchen, die ans Ziel führen. Offenkundig lernte ich diese Lektion in der Küche, doch stellte ich fest, dass diese Erfahrung nicht minder lehrreich für das Leben an sich war. Aus reiner Küchenperspektive aber entwickelte ich meine Fähigkeiten, Speisen im Detail so zu analysieren und rekonstruieren, dass ich sie für den Gast in einer Weise erfahrbar machen konnte, wie sie mir selbst vorschwebte. Das lässt sich nicht erlernen, ohne ständig einen Haufen Köche mit einer Vielzahl von Meinungen um sich zu haben. Letztlich sind große Köche nur deshalb groß und können noch größer werden, weil sie auf den Schultern derer stehen, die den Weg geebnet haben. Je mehr solcher Menschen es in eurem Leben gibt, umso weniger seid ihr auf euch allein gestellt.

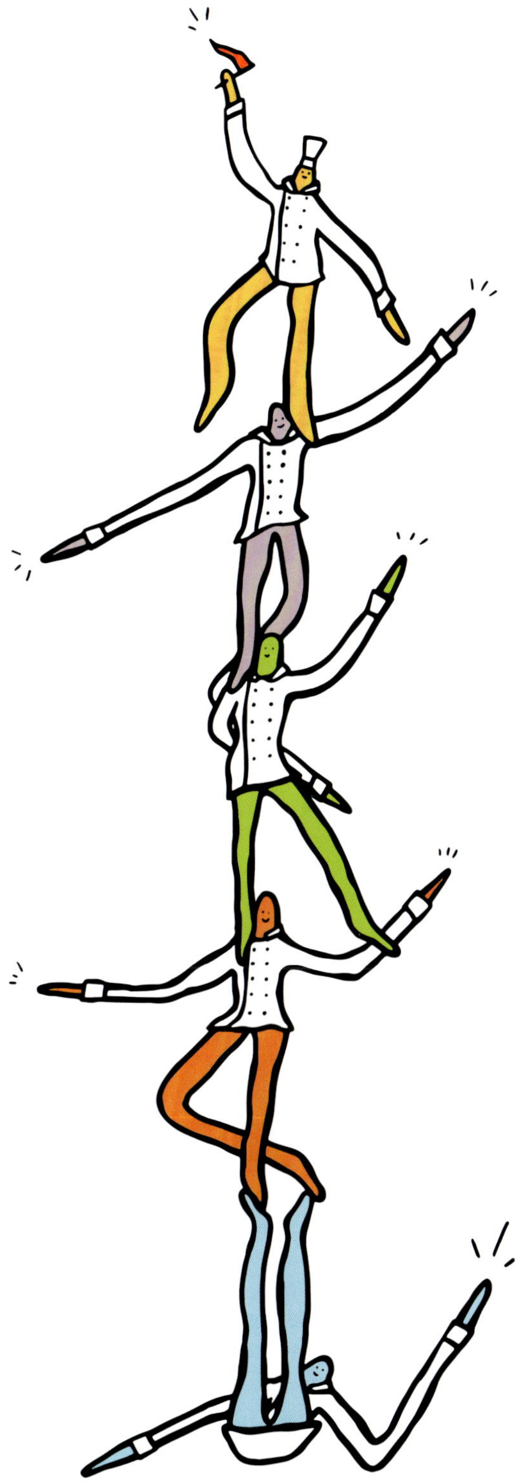

Die Architektur des Tellers

Natürlich war ich beeindruckt, wie sich große Köche auf den Geschmack konzentrierten und dass alles nach viel mehr Salz verlangte, als man annehmen würde. Ich habe mal mit einem Koch zusammengearbeitet, der mir viel über das Salzen beigebracht hat. Er hat mir gezeigt, wie man die Salzdosis auf die absolute Spitze treibt, und genau das sollte man gewöhnlich auch anstreben. Denn wenn noch andere Dinge auf dem Teller hinzukommen, so soll doch alles geschmacklich zur Geltung kommen. Ich habe gelernt, dass Säure für Vielschichtigkeit sorgt und zugleich dem Salzeffekt entgegenwirkt, sodass man beides gut ausbalancieren muss. Dies gilt auch für den Fettgehalt, den Schärfegrad einer Zubereitung usw., doch was den Durchschnittskoch von den Spitzenköchen wirklich unterscheidet, war nicht nur der Geschmack. Sicher, sie wissen die geschmackliche Abstimmung besser zu artikulieren. Sie wissen besser über die Wirkungsweise von Aromen Bescheid, kennen die wissenschaftlichen Zusammenhänge hinter dem Geschmack. Doch den eigentlichen Unterschied macht ihr Umgang mit der Textur.

Wie ihr seht, stößt man in der Top-Gastronomie unweigerlich auf ein Thema – »die goldenen Handschellen«, könnte man sagen. Bestellt man im Restaurant einen Burger, so bekommt man einen Burger. Es mag ein miserabler Burger sein, aber auch der besteht aus zwei Brötchenhälften, die einen Patty aus Rinderhack und ein paar andere Zutaten in die Zange nehmen. Das ist per Definition ein Burger. Er bietet sicher eine gewisse texturelle und geschmackliche Beschaffenheit, die ihn als solchen identifizieren. Dasselbe gilt für eine Lasagne oder eine Knödelsuppe. Ja, es gibt unterschiedliche Macharten und Techniken, die Auswirkungen auf die Textur und den Geschmack haben, doch am Ende des Tages bekommt man immer etwas, das relativ vertraut und gut ist. Die gehobene Küche funktioniert in keinster Weise so. Alles fängt bei null an. Zunächst ist alles nur ein kulinarisches Luftschloss, das sich erst auf dem Teller materialisiert und für den Gast erfahrbar und verständlich wird.

In einem Spitzenrestaurant ist jeder Teller bereits dekonstruiert und muss von Anfang bis Ende durchgestaltet werden. Zwar steht der Geschmack dabei im Vordergrund, doch in der Hochküche ist guter Geschmack eine Selbstverständlichkeit. Bei vielen Aromen aus der gehobenen Küche handelt es sich um Grundsaucen, die sich seit vielen Jahren bewährt haben und bestenfalls durch ein paar Zutaten modifiziert wurden. Selbstverständlich schmecken diese Saucen fantastisch. Und? Niemand will am Tisch sitzen und eine riesige Schüssel Sauce löffeln. Ein Spitzenkoch muss Struktur schaffen und jedem Gericht, das er kreiert und anrichtet, eine »Architektur des Tellers« zugrunde legen. Selbst wenn er die Aromen bereits kennt, sind sie erst die halbe Miete. Erst durch den gezielten und wohlaustarierten Einsatz von Textur lernt ein Gericht auf beiden Beinen zu stehen und kann vom Gast verstanden werden. Sobald ein Koch diese Balance beherrscht, ist er in der Lage, einen zeitgemäßen Teller zu entwerfen. Ohne dieses Gleichgewicht wäre ein Essen wie ein Mensch ohne Knochen: ein seltsamer Klecks auf dem Boden. Ihr wollt aber kein seltsames Klecksessen, oder?

EIN ERSTKLASSIGES ESSEN ERFORDERT
EINE »ARCHITEKTUR DES TELLERS«

Der Durchbruch

Ich erinnere mich an Verkostungen von Gerichten, die neu auf die Speisekarte kommen sollten. Dabei war oft weniger der Geschmack Gegenstand meiner Kritik als der Gesamteindruck des Gerichts. Mein Feedback war meist so etwas wie »braucht mehr Crunch« oder »das ist zu weich«, da fehlt Biss; mit mehr Hitze und kürzer garen«. Zu den faszinierendsten Dingen, die ich in jenen Tagen erkannte, zählte, wie die Textur den Geschmack beeinflusst. Ich habe mal für ein Lammgericht eine Sauce kreiert, die ich in einem Sahne-Siphon mittels Stickstoff aufschäumte. Ich bereitete also diese Sauce, emulgierte sie, gab zur Stabilisierung etwas Xanthan hinzu und schmeckte sie mit reichlich Salz ab, bis mir der Geschmack zusagte. Dann schäumte ich die Sauce in diesem Siphon auf, schüttelte kräftig und sprühte sie direkt neben das auf den Punkt gegarte, tranchierte Lamm. Der Schaum war grandios, wunderbar luftig und schön glänzend. Ich konnte fast mein Spiegelbild darin sehen. Ganz ehrlich, ich platzte fast vor Stolz, mein Ego wuchs kurz ins Unermessliche, um gleich darauf in sich zusammenzufallen wie ein missglücktes Soufflé.

Alle probierten meine Kreation – die Schaumsauce schmeckte nach fast nichts. Ich erinnere mich an das vielsagende Schweigen der Kollegen, während sie kosteten. Sie bissen sich höflich auf die Zunge, doch ich wusste selbst, dass die Sauce nichtssagend war, und was sie dachten. Das gefiel mir gar nicht. Sie sagten Dinge wie: »Wow, das Lamm ist super.« Aber das Lamm war mir furzegal. Ich wusste, dass es gut war. Es war die Sauce, an der ich ewig getüftelt hatte. Schließlich entschied ich mich für die finale Version gegen diese Sauce und ersetzte sie durch eine andere. Allerdings beschloss ich nachzuforschen, was mit dem Schaum schiefgelaufen war. Einer unserer Sous-Chefs brauchte gerade mal zwei Sekunden, um das herauszufinden. Er erklärte, dass man beim Aufschäumen große Mengen Luft in mikroskopisch kleinen Bläschen einarbeitet, wodurch der Geschmack am Gaumen deutlich weniger Wirkung entfaltet. Ein Esslöffel aufgeschäumte Sauce entspricht nur etwa einem Teelöffel des schaumlosen Originals, der Rest ist Luft. Ich bräuchte intensivere Aromen und mehr Salz, erklärte er. Die Sauce müsste leicht versalzen und fast überwürzt sein, um beim Aufschäumen nicht zu viel zu verlieren.

Ich kam mir ziemlich dumm vor, aber es ergab absolut Sinn. Durch die Veränderung der Textur der Sauce, indem ich Luft einarbeitete, modifizierte ich gleichzeitig den Geschmack. So sehr kann sich die Textur auf den Geschmack auswirken – abgesehen davon, dass etwas knusprig ist oder wie auch immer die Beschaffenheit der Speise sein mag. Sie ist wandlungsfähig auf jede nur erdenkliche Weise und kann sogar den Geschmack verändern.

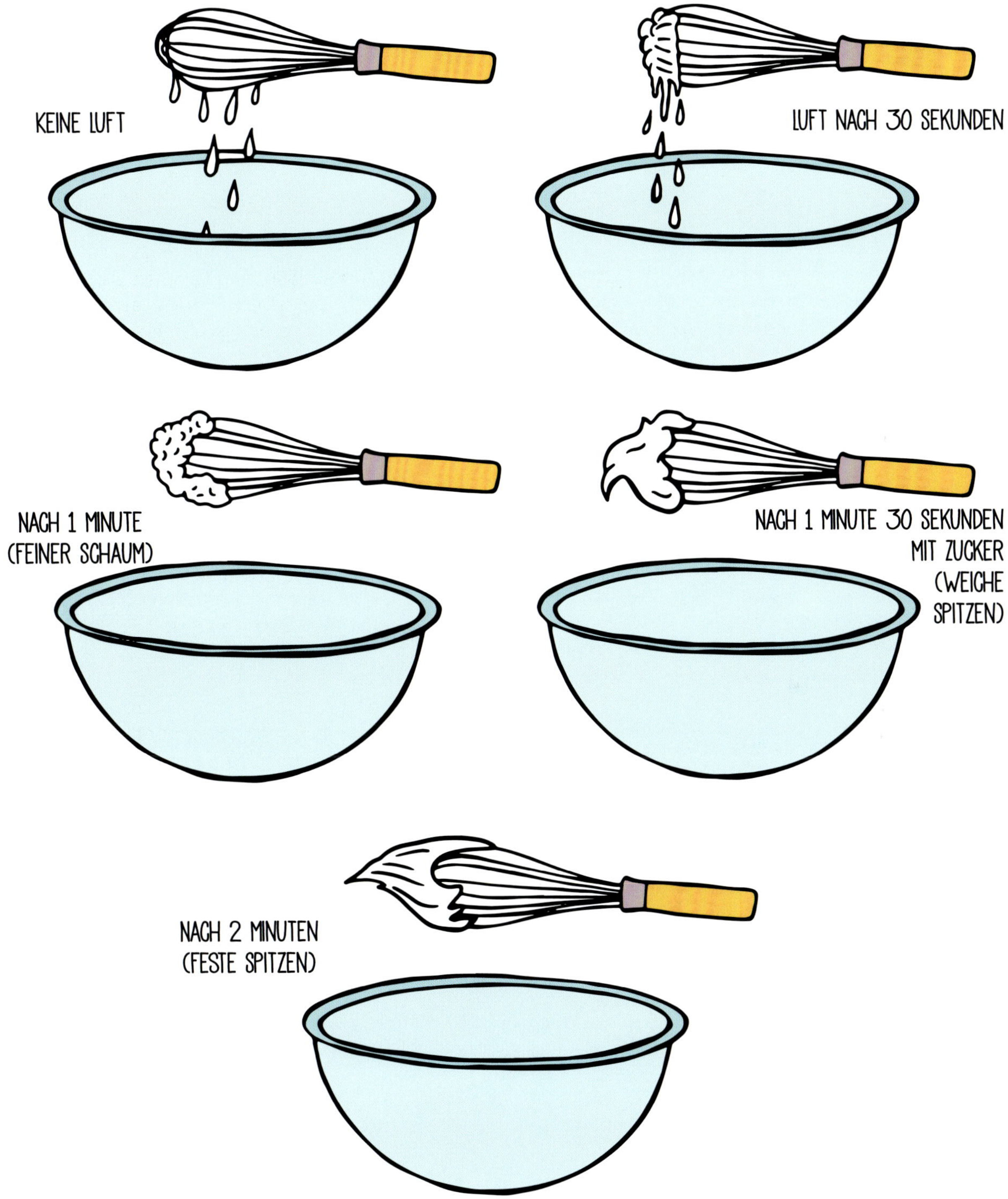
KEINE LUFT
LUFT NACH 30 SEKUNDEN
NACH 1 MINUTE
(FEINER SCHAUM)
NACH 1 MINUTE 30 SEKUNDEN
MIT ZUCKER
(WEICHE
SPITZEN)
NACH 2 MINUTEN
(FESTE SPITZEN)

Knusprig

Wow!

Wenn ich »crunchy«, »knusprig«, »knackig« mit einem Wort umschreiben sollte, das keinen sexuellen Beigeschmack hat, dann wäre es wohl »Wow«. Ich weiß, was ihr jetzt denkt: »Der Kerl besitzt tatsächlich die Unverfrorenheit zu behaupten, dass aus dem reichen Wortschatz seiner Sprache ›wow‹ der am besten geeignete Begriff ist, um diese Kategorie zu umschreiben.« Lasst mich erklären. Es liegt vor allem daran, dass ich mein ganzes Leben der Kochkunst gewidmet habe und nicht der Schriftstellerei oder irgendetwas anderem. (Ich bin auch ziemlich schlecht in Mathe.) Mein eigenes Unvermögen also in Rechnung gestellt, sprechen wir darüber, warum »knusprig« meine Lieblingskonsistenz ist.

Ich verwende »wow« zur Beschreibung von Crunch, weil der Begriff so schön einfach ist. Der Gedanke »wow« erfordert denkbar wenig Hirnschmalz. »Wow« ist eher Ausdruck eines Gefühls als ein Begriff, der uns in den Sinn kommt, wenn wir etwas Unerwartetes, Aufregendes oder Schönes erleben … wie bei crunchy eben. Das Knusprige, Knackige gehört zu den wenigen Texturen, die wohl jeder Mensch auf diesem Planeten mag. Nicht zuletzt darum sind die beliebtesten Snacks knusprig, wie Kartoffelchips und anderer Knabberkram, und Pommes frites die am häufigsten bestellte Beilage. Crunch gehört zu den wenigen Dingen, die auch bar jeden Geschmacks Lust auf den nächsten Biss machen. Und den übernächsten. Und den überübernächsten. Und am Ende ist die Chipstüte leer, sie hätte locker für eine Kleinfamilie gereicht, doch die Kleinfamilie, das wart ihr. Crunch kommt einfach SO gut, es ist wie eine legale Droge, schon wegen des Dopamins, das es freisetzt. Es ist die wohl einzige Textur, die man sich bereitwillig mit derselben Schlagzahl einverleibt, mit der man eine neue Netflix-Serie verschlingt. (Sieh an … die Menschheit, am Ende besiegt von Kartoffelchips. Wusste ich's doch.)

Also ja, ich liebe Crunch. Und er entlockt mir ein »Wow«. Ich bin geradezu fanatisch, wenn es darum geht, etwas knusprig zu machen. Ich gehe bis ans Ende der Welt, investiere endlose Stunden, Tage, ja Wochen, wenn es sein muss, um aus einer Speise ein Maximum an Crunch herauszuholen. Vom knusprig gebratenen panierten Hühnerbein bis zur makellos gebräunten Kartoffelkrokette, mit Crunch wird irgendwie ALLES gut. Wir haben es hier gewissermaßen mit der Königsdisziplin unter den Texturen zu tun. Sie wird durch so viele Dinge beeinträchtigt und erfordert versiertes technisches Können. Schon mal weiche Kartoffelchips gegessen? Grässlich. Oder eine Tüte alte Frühstücksflocken gefällig? Der Horror, erbärmlich, schlimm – ein echtes Trauerspiel. Ich will damit sagen, dass Crunch von der richtigen Technik ebenso abhängt wie von Umständen wie Feuchtigkeit und Temperatur.

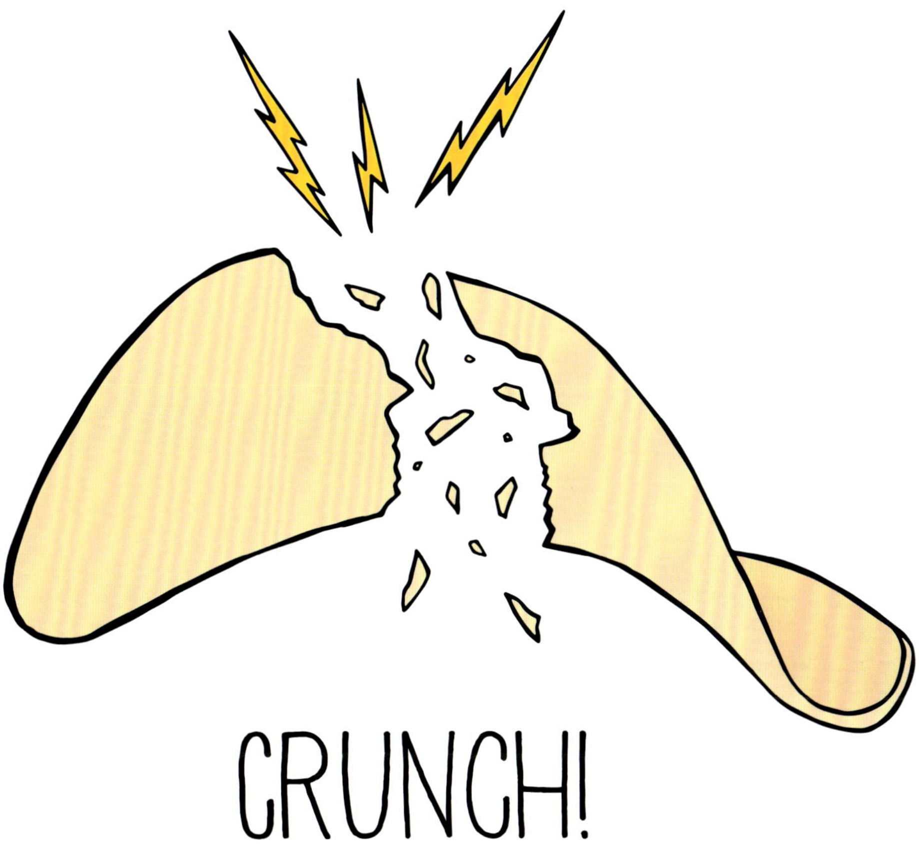
CRUNCH!

Was ist Crunch?

Es gibt verschiedene Formen von Crunch, die sich in mehrere Subkategorien gliedern lassen. Der Crunch eines Kartoffelchips unterscheidet sich vom Crunch einer knusprigen Schweineschwarte, wie den überall in Lateinamerika verbreiteten *chicharrones*. Die Einarbeitung von Luft bestimmt den Crunch der *chicharrones*, die viel luftiger und spröder ausfallen als ein Kartoffelchip. Während so ein Chip eher ein markiges, lautes Knirschen erzeugt, brechen *chicharrones* mit einem prägnanten Krachen, gefolgt von einem rasch abklingenden Knistern, das zu einem körnigen Mahlen abebbt, bis sich die Schwarte schließlich auflöst. Wichtig ist zu erkennen, wie sich diese unterschiedlichen Typen von knusprigen Speisen verhalten, denn sie können sich auf den Gesamteindruck des Gerichts auswirken. Niemand käme auf die Idee, Kartoffelchips und eine knusprige Schwarte auf einen Teller zu legen und es »Mahlzeit« zu nennen. Eher würde man eines davon mit etwas Weichem kombinieren, etwa mit einem Hamburger oder einem leckeren Club-Sandwich, vielleicht sogar mit einem Dip! Ihr seht, worauf ich hinauswill? Ich denke, wir alle wissen, was euch im Kopf herumschwirrt. Frittiertes. Ich liebe frittierte Speisen. Ich weiß, da bin ich nicht der Einzige. Selbst Sterneköche sind nicht immun gegen die heißen, salzigen und fetttriefenden Verlockungen aus der Fritteuse. Wir geben uns gern mal kultiviert und streben nach kulinarischen Sternstunden, doch kenne ich keinen einzigen Koch auf der Welt, der nach einem langen, arbeitsreichen Abend nicht beim bloßen Anblick frisch frittierter Kroketten und einem Schälchen Ketchup dazu mit Tränen in den Augen in die Knie sinkt.

Wie entsteht Crunch?

Senkt man paniertes Hähnchen, ein perfekt geschnittenes Kartoffelscheibchen oder irgendetwas anderes in ein heißes Ölbad, so lässt der Hitzeschub das in der Speise enthaltene Wasser rasch verdampfen. Es entsteht eine Vielzahl von taschenartigen Blasen, die dazu führen, dass sich das Gargut schlagartig aufbläht und eine appetitlich knusprige Kruste erhält. Natürlich erfordert es die geeigneten Zutaten, um diesen Effekt optimal zu nutzen. Dafür sorgt bei einem Backhähnchen das leicht feuchte Mehl, während man Pommes vor dem Frittieren kurz blanchiert, um die nötige Feuchtigkeit einzuarbeiten. (Aber niemals Wasser oder Eiswürfel ins heiße Fett kippen – ich warne euch!) Nach einer gewissen Garzeit trocknet eine ganz dünne Schicht an der Oberfläche des Garguts aus und bildet jene Kruste, die dem Crunch-Faktor zugutekommt. Hinzu kommt der durch die Hitze geförderte Bräunungseffekt, der ebenfalls zu einer knusprigen Textur beiträgt. Es gibt eine ganze Reihe von Gründen, warum uns Frittiertes ganz besonders zusagt. Das Fett hält die Speisen im Kern saftig, der schnelle Bräunungsprozess intensiviert den Geschmack und fördert eine extraknusprige Kruste, wie sie im Ofen zubereitetes Hähnchen nie erreicht. Genau aus diesem Grunde können sich Speisen aus der Heißluftfritteuse nie mit jenen messen, die in einer klassischen Fritteuse in Fett gebacken wurden. (Wer seine Heißluftfritteuse ins Herz geschlossen hat, wird das nicht gern hören.)

Dieses Prinzip gilt für alle Zubereitungstechniken, die auf eine knusprige Beschaffenheit abzielen. Das Gargut muss in den Randschichten ausreichend Feuchtigkeit aufweisen – nicht zu viel, aber auch nicht zu wenig. Und wenn dem Gargut dann noch die richtige Temperatur vergönnt ist, könnt ihr den Crunch eurer Träume erleben. Das allein ergibt natürlich noch kein vollständiges Bild, aber es beleuchtet den wichtigsten Faktor zur Beherrschung dieses Texturtyps. Ist euch nach einem leichten, luftigen Crunch wie bei einer Garnelen-Tempura? Oder eher nach diesem lauten, glasartigen Knacken wie bei Kesselchips? Nach welcher Art von Crunch auch immer euch der Appetit steht, es kommt immer auf die richtige Dosis Feuchtigkeit und auf die Technik an, vor und nach dem Garen. Doch der zugleich wichtigste Protagonist und Antagonist des Erfolges heißt Wasser.

CHICHARRONES: KRACHEND/LUFTIG

CHIPS: KNUSPRIG/ KNACKEND

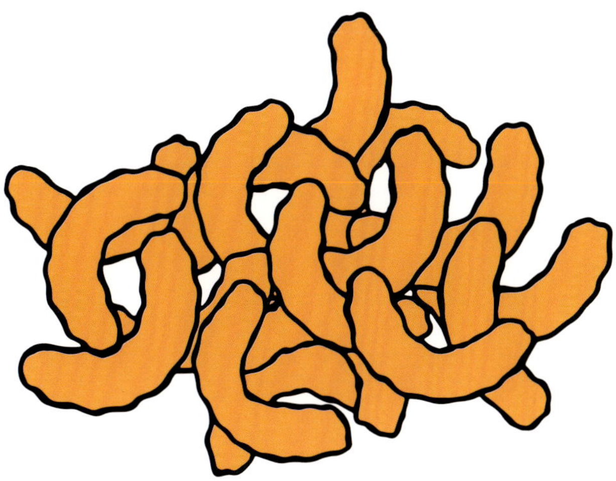

ERDNUSSFLIPS: KRÜMELIG/KÖRNIG

Warum lieben wir Crunch?

Ich könnte eine kilometerlange Liste der physikalischen Eigenschaften eines guten Crunchs erstellen, doch nicht nur die taktile Wahrnehmung, also das Mundgefühl, macht den Genusswert aus. Ein kaum beachteter Grund, warum wir den knusprigen Biss so lieben, ist das akustische Erlebnis. Ja, man hört buchstäblich schon das krachende Knirschen jenes perfekten Chips, der da ganz unten in der Tüte wartet. Der beherzte Biss in etwas Knuspriges kann bis zu 63 Dezibel erreichen, etwas lauter als eine gewöhnliche Unterhaltung zwischen zwei Menschen. Vermutlich habt ihr in Zusammenhang mit dem Essen noch nie an Dezibel gedacht, nun ... bis jetzt. Deshalb haben die Esskultur und die Musik als Kunstformen für mich etwas Verbindendes. Wir genießen Musik aus ähnlichen Gründen, die uns zu dieser Tüte süß-salzigem Popcorn greifen lassen. Doch ist nicht nur Junkfood Botschafter dieser großartigen Eigenschaft. Auch der Biss in einen knackigen, kalten Apfel kann sehr wohltuend sein. Oder das knusprige Knacken von frisch gegrilltem Mais.

Genau das meine ich, wenn ich sage, dass mir das knusprige Endstück eines Croissants am liebsten ist. Als wäre das weiche Mittelstück der Hauptgang und die Enden sind das krönende Dessert. Ein multiples Genusserlebnis, komprimiert in einem Stück, und die Geheimzutat lautet »Crunch«. Aus genau demselben Grund zupfen die Leute diese unverschämt knusprige Haut von ihrem frisch frittierten Hähnchen und genießen sie, als wäre es ein edles Rinderfilet.

Es gibt viele Theorien über unsere Vorliebe für den knusprigen Crunch. Manche verorten sie in einem Bereich unseres Gehirns, der Crunch als Zeichen für Frische identifiziert. Jene Frische, wie wir sie von einem eben aus der Erde gezogenen, knackigen Romanasalat kennen. Aber mal ehrlich, wen interessiert's? Es ist schlicht etwas, das die meisten von uns lieben. Jetzt müssen wir nur noch lernen, dieses Wissen umzusetzen, um die köstlichsten, gnadenlos süchtig machenden und knusprigsten Leckereien auf den Tisch zu bringen, die man sich vorstellen kann.

Glücklicherweise müsst ihr nicht alle Einzelheiten darüber wissen, warum ein Gemüse knackig ist. Konzentriert euch einfach auf das, was gegarten Speisen Crunch verleiht.

Die Crunch-Power und wie man sie nutzt

Speisen werden aufgrund einer einzigen simplen Reaktion beim Garen knusprig: des raschen Entzugs von Feuchtigkeit aus dem Gargut. Ja, es gibt Dinge, die von Natur aus knackigen Biss versprechen, wie Karotten, doch liegt das hauptsächlich an ihrer natürlichen Zellstruktur – sie sind einfach so. Bei der Zubereitung von Speisen, die diese Qualität von Natur aus nicht mitbringen, muss man Geist und Körper einsetzen, um sie auf künstlichem Wege herbeizuführen. Dabei wird der Garprozess gezielt gesteuert, um die Zellstruktur so zu verfestigen, dass eine knusprige Textur entsteht. Und dazu ist die Kontrolle von Garzeit und Hitze erforderlich.

Garzeit und Hitze

Die Kunst des knusprigen Crunchs besteht darin, den Entzug von Wasser und den Bräunungsprozess zeitlich zu koordinieren und dabei auch den Garprozess im Kern des Garguts im Auge zu behalten. Frittiert man paniertes Hähnchen ganz langsam und auf kleiner Flamme in Öl, so kommt es nicht zum raschen Wasserentzug, und es entsteht keine Kruste als feste Barriere zum Fleisch. Das Ergebnis mag einen knusprigen Eindruck machen, und vielleicht ist auch das Hähnchen durchgegart, doch beißt man hinein, glaubt man, auf einem Stück Eichenrinde herumzukauen. Das ist gar nicht schön und schon gar nicht knusprig. Ziel ist, das Hähnchen bei ausreichend großer Hitze zu frittieren, sodass die Feuchtigkeit in der Panierung rasch entweicht, während das Kernfleisch durchgart und gleichzeitig zwischen Panierung und Fleisch eine appetitliche Kruste entsteht.

Das alles muss natürlich so über die Bühne gehen, dass die Oberfläche nicht verbrennt. Im Kern ist mehr Hitze gleichbedeutend mit mehr Tempo. Da ist viel abzuwägen, ich weiß: das Tempo des Kochs, sein Können, die Farbe der Oberfläche – und all das nur, um die richtige Barriere zwischen Hähnchen und Panade zu erzielen? Doch ich habe gute Nachrichten für euch. Ihr müsst nur eine einzige Sache unter Kontrolle haben, um das beste Backhähnchen aller Zeiten auf den Tisch zu bringen. Und das ist die Hitze. Das Ölbad für euer Hähnchen muss schlicht die richtige Temperatur haben. Auf diese eine Variable müsst ihr euch zu allererst konzentrieren, wenn etwas knusprig werden soll.

Dieses Prinzip gilt nicht nur für frittierte Speisen, es gilt auch für das Braten im Ofen, das Kurzbraten in der Pfanne, das Backen, ja für praktisch jede Garmethode, bei der Hitze auf das Gargut einwirkt. Sobald ihr beginnt, Hitze und Garzeit zu kontrollieren, werdet ihr in der Lage sein, eure besten Kartoffelpuffer, eure besten Cookies und die ultimativen Tortilla-Chips auf den Tisch zu zaubern. Tempo ist allerdings nicht immer angezeigt. Manchmal im Leben sollte man einen Gang zurückschalten, ein wenig an den Rosen schnuppern oder vielleicht an den heißen Burger-Buns, die da in der Pfanne rösten. Es lässt sich bis auf die Kleinigkeiten herunterbrechen, etwa wie man einem gebutterten Burger-Bun in der Pfanne oder auf dem Grill die perfekte Röstung verpasst. Wenn man mit etwas geringerer Hitze als gewöhnlich arbeitet und den Bun etwas kräftiger andrückt, dringt die Röstung tiefer in die Krume ein und entwickelt eine dickere Kruste von aggressiverem Crunch. Allein die Kontrolle der Hitze ist dafür verantwortlich.

Es geht also nicht immer darum, etwas möglichst schnell zu garen oder dem Gargut möglichst rasch Wasser zu entziehen. Die Art des Garguts und seine Beschaffenheit sind ebenso maßgeblich für die Wahl der richtigen Temperatur und Garzeit.

Gewusst wie: Der Crunch-Effekt

Für mich ist Crunch wie das Tragwerk und die Wände eines schönen Hauses. Ja, man braucht auch einen Fußboden, einen anständigen Anstrich und all diese ausgefallenen Haushaltsgeräte wie twitternde Kühlschränke. Doch gibt es absolut keinen bewohnbaren Raum in einem Haus ohne die Wände und das Tragwerk. Sie geben allem erst Struktur. Der erste Gedanke, den ich habe, wenn mit der Textur eines Gerichts etwas nicht stimmt, lautet etwa: irgendwie langweilig, wenn man so darauf herum kaut. Ja, schmeckt zwar großartig, aber da ist nichts, was dem Ganzen Pfiff verleiht. Mein nächster Gedanke ist dann sofort: Versuch es doch mit Crunch. Schon komisch, Crunch ist eine großartige Tuning-Methode, um etwas eigentlich Belangloses in eine denkwürdige Köstlichkeit zu verwandeln. Ich habe euch zum besseren Verständnis ein kleines Flussdiagramm gebastelt.

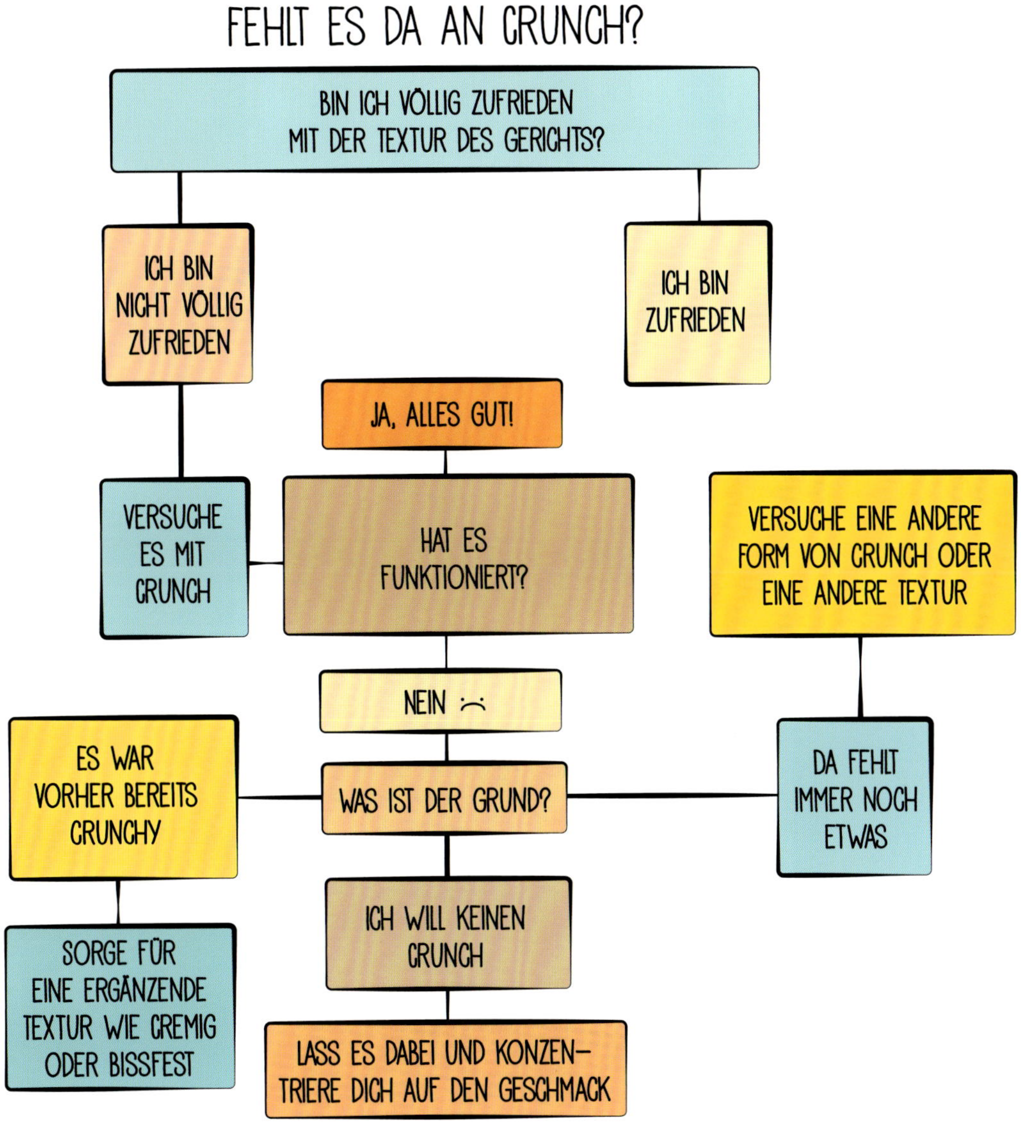

Vorbereitung
25 Minuten, plus über Nacht einfrieren

Garzeit
22 Minuten

Ergibt
5–6 Portionen

Pommes frites

Kaum zu glauben. Es soll Menschen auf diesem Planeten geben, die keine Pommes mögen. Zum Glück bin ich noch keinem begegnet. Falls du dazugehörst – was ist passiert? Melde dich, ich kann dir professionelle Hilfe anbieten. Spaß beiseite, dieses Rezept ist ein Musterbeispiel für kunstgerechte Technik, die zielgerichtet zu einem spezifischen Resultat führt. In diesem Fall eine Kombination von mürbe, knusprig und fluffig, Letzteres ist eine Subkategorie von luftig.

1½ EL (23 ml) klarer Branntweinessig

1 EL (16 g) Salz, plus Salz nach Geschmack

½ TL (2 g) Backnatron

3 große mehligkochende Kartoffeln (ich nehme Russet)

3 l Pflanzenöl zum Frittieren

1 Zwei Backbleche mit Küchenpapier auslegen.

2 In einem großen Topf (6,5–7,5 Liter) 3 Liter Wasser mit dem Essig, dem Salz und dem Natron bei mittlerer bis hoher Temperatur zum Kochen bringen.

3 Die Kartoffeln schälen und in 7 × 7 mm große Stäbchen von etwa 9 cm Länge schneiden.

4 Sobald das Wasser kocht, die Kartoffeln vorsichtig hineingeben und 3 Minuten blanchieren. Mit einer Schaumkelle herausfischen, auf die vorbereiteten Bleche verteilen, 15–20 Minuten abkühlen und vollständig trocknen lassen. (Keine halbherzigen Kompromisse hier, sie müssen *absolut* trocken und *vollständig* abgekühlt sein.) Das durchweichte Küchenpapier bei Bedarf durch frisches ersetzen, bis die Kartoffeln vollkommen trocken sind.

5 In einem großen Topf (6,5–7,5 Liter) das Pflanzenöl auf 180 °C erhitzen. Ein Abtropfgitter auf ein Blech stellen.

6 Die blanchierten Pommes portionsweise in das heiße Öl geben – achtgeben, dass sie nicht zerbrechen – und 30–45 Sekunden frittieren, bis sie eine blassgelbe Farbe angenommen haben. Auf dem Gitter vollständig abtropfen lassen.

7 Die Pommes nach ihrem kurzen Ölbad vollständig abkühlen lassen, dann auf einem Blech verteilen und über Nacht einfrieren. (Dort dürfen sie für eine spätere Verwendung auch bleiben. Dazu packt man sie vorzugsweise im gefrorenen Zustand in einen weniger platzraubenden Behälter. Das Öl könnt ihr mit einem Deckel zudecken, sobald es abgekühlt ist, und am nächsten Tag wiederverwenden.)

8 Zum Fertigstellen der Pommes das Öl auf 190 °C erhitzen. Die Pommes im gefrorenen Zustand portionsweise hineingeben und 2–3 Minuten frittieren, bis sie goldbraun sind. Mit einer Schöpfkelle herausheben, auf einem Gitter abtropfen lassen und sofort kräftig salzen (nur nicht mit Salz knausern!).

9 Die Pommes frites mit was immer euer Herz begehrt heiß servieren. Zum Beispiel mit Ketchup.

Vorbereitung
10 Minuten

Garzeit
15–20 Minuten

Ergibt
5–6 Portionen

Scharfes Karaage Nashville-Style mit Honig

Mmhh, eine Kombination von gleich zwei meiner heiß geliebten Backhähnchen. Karaage ist zufällig komplett glutenfrei, bitte sehr, liebe glutenfreie Kameraden da draußen, hier ist *euer* Rezept. (Ich habe euch doch lieb.) Das knusprigste Backhähnchen seiner Art ist wohl die koreanische Variante, doch das Schöne am japanischen Karaage ist die Geradlinigkeit der Textur – sie ist ungemein locker und knusprig, doch der Crunch beim ersten Hineinbeißen ist unwiderstehlich. Deshalb darf es in diesem Kapitel nicht fehlen.

240 g Speisestärke
2 EL (30 ml) Sojasauce
1 EL (15 ml) klarer Branntweinessig
1 TL (5 g) geriebener Ingwer
½ TL (3 g) frisch gemahlener weißer Pfeffer
3 EL (45 g) Sriracha-Sauce (oder eine andere Chilisauce)
1½ TL (9 g) feines Meersalz
1 kg ausgelöste Hähnchenoberschenkel ohne Haut, in 2,5 cm große Stücke geschnitten
2,5 l Pflanzenöl zum Frittieren
Honig zum Servieren

Scharfes Nashville-Öl
2 TL (6 g) geräuchertes Paprikapulver
3 TL (6 g) Cayennepfeffer
½ TL (3 g) frisch gemahlener weißer Pfeffer
2 TL (7 g) Knoblauchpulver
1 TL (4 g) Natriumglutamat (nach Belieben)
2½ TL feines Meersalz
1 EL (13 g) brauner Zucker
240 ml heißes Frittieröl (von dem Hähnchen)

1 Die Speisestärke in eine flache Schale geben und ein Abtropfgitter auf ein Blech stellen.

2 Sojasauce, Essig, Ingwer, Pfeffer, Sriracha-Sauce und Salz in einer mittelgroßen Schüssel verquirlen, bis alles gleichmäßig vermengt ist. Die Hähnchenstücke dazugeben, in der Mischung wenden und zugedeckt für mindestens 5 Minuten oder über Nacht in den Kühlschrank stellen.

3 Das Pflanzenöl in einen großen Topf (5,5 Liter) mit dickem Boden gießen (es sollte nicht höher als bis zur Topfmitte reichen) und bei mittlerer bis hoher Temperatur auf 180 °C erhitzen.

4 Während das Öl heiß wird, die Hähnchenstücke sorgfältig in der Speisestärke wenden, bis sie rundherum lückenlos davon überzogen sind. Auf einem zweiten Backblech verteilen.

5 Das Fleisch in drei Portionen in das heiße Öl geben und 4–5 Minuten frittieren, bis es vollständig durchgegart und mit einer goldbraunen Kruste überzogen ist. (Zur Probe das dickste Stück herausfischen und durchschneiden. Ist es im Kern noch blutig oder rosa, zurück ins Öl damit und weiter frittieren, bis es durch ist.) Die frittierten Hähnchenstücke auf dem vorbereiteten Gitter abtropfen lassen.

6 Für das scharfe Nashville-Öl in einer hitzebeständigen Metallschüssel Paprikapulver, Cayennepfeffer, weißen Pfeffer, Knoblauchpulver, Natriumglutamat (falls verwendet), Meersalz und Zucker gründlich vermengen. Anschließend 240 ml heißes Frittieröl aus dem Topf zugießen und erneut sorgfältig umrühren.

7 Die frittierten Hähnchenstücke sorgfältig in dem Nashville-Öl wenden, bis sie vollständig davon überzogen sind, und erneut auf dem Gitter abtropfen lassen. Sofort servieren, mit eurem Lieblingshonig beträufelt. (Oder statt dessen mit Mayo oder Aioli zum Dippen reichen.)

Tempura

Vorbereitung
15 Minuten

Garzeit
30 Minuten

Ergibt
5–6 Portionen

Tempura gehört zu den Sensibelchen im Crunch-Universum. Gewiss, Tempura knuspert beim Hineinbeißen, doch der eigentliche Clou ist, wie die Teighülle, unmittelbar nachdem sie am Gaumen zerschellt ist, dahinschmilzt. Dabei erfordert es überhaupt keine ausgefallenen Zutaten; viel wichtiger sind der Teig und das Ausbacken. Die Zutaten unter der Teighülle sind lediglich Anregungen, für Tempura kommt praktisch alles infrage – sogar diese unverwüstlichen Nokia-Handys, aber das probiert mal lieber nicht aus.

- 2,5 l Pflanzenöl zum Frittieren
- 1 großer Brokkoli, in Röschen zerteilt
- ½ mittelgroßer Kabocha-Kürbis, entkernt, geschält und in 7 mm dicke Spalten geschnitten
- 1 mittelgroße Zucchini, in 7 mm dicke runde Scheiben geschnitten
- 9 mittelgroße geschälte Garnelen mit Schwanzflosse, vom Darm befreit

Tentsuyu-Dip

- 250 ml Dashi-Brühe (japanische Fischbrühe; siehe Rezept Seite 47)
- 3 EL (45 ml) Mirin
- 2½ EL (38 ml) Sojasauce

Togarashi-Würzsalz

- 3 EL (45 g) Salz
- 1 TL (4 g) Zucker
- 2 TL (6 g) Shichimi-Togarashi-Gewürz
- ½ TL (3 g) frisch gemahlener weißer Pfeffer

Tempura-Teig

- 130 g Mehl, plus Mehl zum Bestäuben
- 1 EL (15 g) Speisestärke
- ½ TL (3 g) feines Meersalz
- 250 ml Mineralwasser
- 1 großes Ei

1 Sämtliche Zutaten für den Tentsuyu-Dip in einem kleinen Topf bei mittlerer Temperatur erhitzen, bis die Mischung dampft. In einem geeigneten Gefäß bis zum Servieren warm halten.

2 Sämtliche Zutaten für das Togarashi-Würzsalz in einer kleinen Schüssel gründlich verrühren, bis alles gleichmäßig vermengt ist.

3 Das Pflanzenöl in einem großen Topf (6,5 Liter) mit schwerem Boden bei mittlerer Temperatur auf 180 °C erhitzen.

4 Für den Teig das Mehl in einer mittelgroßen Schüssel mit Speisestärke und Salz vermengen. Das Mineralwasser und das Ei zugeben und alles mit einer Gabel oder zwei Essstäbchen sorgfältig verrühren, sodass nur noch wenige bis keine Klümpchen mehr zurückbleiben. (Aber auch nicht zu intensiv rühren, sonst wird der Teig zäh. Er sollte etwa die Konsistenz von dicker Schlagsahne haben.)

5 Sämtliches Gemüse – Brokkoli, Kürbis und Zucchini – trocken tupfen. Portionsweise in den Backteig tauchen, gleich darauf vorsichtig in das heiße Öl gleiten lassen und 3–5 Minuten frittieren, bis das Gemüse goldbraun und wunderbar knusprig ist. Zum Abtropfen auf ein mit Küchenpapier bedecktes Gitter legen und sofort mit Togarashi-Würzsalz nach Geschmack bestreuen.

6 Die Garnelen leicht mit Mehl bestäuben, den Überschuss abschütteln. In den Tempura-Teig tauchen, bis sie vollständig bedeckt sind, dann sofort in das heiße Öl geben. (Immer nur drei auf einmal, damit es kein Gedränge im Topf gibt.) Die Garnelen 3–4 Minuten frittieren, bis sie goldbraun und durchgegart sind. Zum Abtropfen auf ein mit Küchenpapier bedecktes Gitter legen und sofort mit Togarashi-Würzsalz nach Geschmack bestreuen.

7 Den heißen Tentsuyu-Dip in ein Schälchen füllen und mit dem Tempura servieren.

Dashi-Brühe

Vorbereitung: 10 Minuten
Garzeit: 20 Minuten
Ergibt: 950 ml

950 ml filtriertes Wasser
2 Stücke Kombu (à 5 cm)
10 g Bonitoflocken

1 Das Wasser mit dem Kombu in einem kleinen Topf bei schwacher bis mittlerer Temperatur erhitzen, bis die Mischung dampft – achtgeben, sie darf nicht aufkochen (beim Aufkochen sondert der Kombu eine Substanz ab, und die Brühe wird schleimig). Sobald sie dampft, die Mischung 10 Minuten bei konstanter Temperatur ziehen lassen.

2 Den Topf vom Herd nehmen, die Bonitoflocken einrühren und die Brühe zugedeckt weitere 10 Minuten ziehen lassen.

3 Die Brühe durch ein feines Sieb gießen und auf Raumtemperatur abkühlen lassen, die Rückstände wegwerfen. Die Brühe kann dann sofort verwendet werden. Sie hält sich gut verschlossen im Kühlschrank bis zu 1 Woche, im Tiefkühlfach eine Ewigkeit.

Rohkostgemüse

Vorbereitung
20 Minuten

Garzeit
3–4 Minuten

Ergibt
4 Portionen

Ein Teller Rohkostgemüse ist wie Wasser trinken, nachdem man es ewig vergessen hat, und plötzlich zu merken, wie dringend man es nötig hatte. Sobald man einen dieser Genüsse in den Mund steckt, wird einem schlagartig klar, was man vermisst hat. Das kann jetzt in verschiedene Richtungen gehen, aber ich denke, es ist klar, was ich meine.

1 mittelgroße rote Paprikaschote
30 g geröstete Pinienkerne
60 ml Zitronensaft, plus mehr nach Geschmack
8 Knoblauchzehen, geschält
1 EL (15 ml) Wasser
Salz nach Geschmack
125 ml Pflanzenöl
zerstoßenes Eis zum Servieren
3 mittelgroße Karotten, geschält und längs in 7 mm dünne Bänder geschnitten (auf dem Gemüsehobel)
2 kleine Gelbe Bete, geschält und in 7 mm dünne runde Scheiben geschnitten (auf dem Gemüsehobel)
4 Radieschen, in 7 mm dünne Scheiben geschnitten (auf dem Gemüsehobel)
1 Minigurke, in 7 mm dünne Scheiben geschnitten (auf dem Gemüsehobel)
1 Chicorée, Blätter voneinander getrennt
Meersalzflocken zum Bestreuen (ich nehme Maldon- oder Jacobsen-Salz)

1 Die Paprikaschote mithilfe einer Küchenzange direkt über einer offenen Gasflamme bei starker Hitze rösten und regelmäßig wenden, bis sie rundherum geschwärzt ist. In eine Schüssel legen, mit Frischhaltefolie zudecken und 5 Minuten stehen lassen.

2 Nach Ablauf der 5 Minuten die schwarze Haut der Paprika mit einem Handtuch abreiben. (Das Handtuch geht anschließend definitiv in die Wäsche, also nehmt lieber kein weißes. Alternativ könnt ihr auch Küchenpapier nehmen.) Die Paprika vom Stielansatz und den Samen befreien.

3 Das Fruchtfleisch der Paprika mit Pinienkernen, Zitronensaft, Knoblauch, dem Wasser und Salz nach Geschmack auf hoher Stufe im Mixer pürieren, bis die Mischung ganz glatt ist. Ist sie zu dick, noch etwas Wasser dazugeben, jeweils 1 EL (15 ml), bis die Klinge wieder greift.

4 Sobald die Mischung glatt ist, langsam bei laufendem Gerät das Pflanzenöl zugießen. Wird die Masse zu dick, erneut esslöffelweise Wasser einarbeiten, bis sich die Zutaten mischen. Weitermixen, bis sämtliches Öl eingearbeitet und die Sauce schön glatt ist. In eine Schale füllen und mit weiterem Salz und Zitronensaft abschmecken.

5 Eine große, flache Schüssel bis zum Rand mit zerstoßenem Eis füllen. Das Rohkostgemüse aufrecht in das Eis stecken, dabei dekorativ arrangieren. Großzügig mit Meersalzflocken bestreuen und mit der Paprikasauce zum Dippen servieren.

Vorbereitung
20 Minuten

Garzeit
10 Minuten

Ergibt
15 Reisbällchen

Arancini

Ich will hier nicht angeben, aber meine ersten frittierten Reisbällchen habe ich an einem wunderschönen Frühlingstag in Florenz genossen. Ich weiß, was ihr jetzt denkt: *Wow, schön für dich, Josh, wie soll ich das denn noch toppen?* Seht mal, es geht nicht darum, dieses Erlebnis irgendwie zu toppen, sondern darum, ein bisschen von dieser Erfahrung in eure vier Wände zu befördern, wo ihr sie nutzen könnt, um eure Überlegenheit am Herd unter Beweis zu stellen.

- 375 g gekühlte Reste von **Kürbisrisotto mit Pancetta und frittiertem Salbei** (siehe Seite 174 und **Anmerkung**)
- 115 g Mozzarella, in 1,3 cm große Würfel geschnitten
- 60 g Mehl
- ½ TL (3 g) feines Meersalz
- ¼ TL (1 g) frisch gemahlener schwarzer Pfeffer
- ¼ TL (1 g) getrockneter Oregano
- 2 große Eier
- 1 EL (15 ml) Wasser
- 125 g Panko-Brösel
- 2 l Pflanzenöl zum Frittieren

1 Zum Formen der Arancini jeweils 3 EL (etwa 20 g) Risotto grob zu Kugeln rollen, je einen Mozzarellawürfel in die Mitte stecken, das Loch verschließen und die Bällchen wieder in eine kugelrunde Form bringen. Die fertigen Bällchen auf einen Teller oder ein Blech legen und anschließend im Kühlschrank kalt stellen.

2 In einer kleinen Schüssel das Mehl mit Salz, Pfeffer und Oregano sorgfältig vermengen.

3 In einer weiteren Schüssel die Eier mit dem Wasser gründlich verquirlen.

4 Die Panko-Brösel in eine mittelgroße Schüssel geben.

5 Das Öl in einem großen Topf (5 Liter) mit schwerem Boden bei mittlerer bis hoher Temperatur auf 180 °C erhitzen. Die Reisbällchen aus dem Kühlschrank nehmen.

6 Zum Panieren der Arancini (Mühe geben!) die Bällchen einzeln in dem Mehl rollen, bis sie vollständig davon bedeckt sind, überschüssiges Mehl abschütteln. Die Bällchen anschließend in dem verquirlten Ei wenden und zuletzt sorgfältig mit den Panko-Bröseln panieren. Die panierten Arancini auf einem Blech verteilen.

7 Die Arancini in dem heißen Öl in drei Portionen frittieren, bis sie goldbraun und eben durchgegart sind. Sofort servieren, nach Belieben mit geriebenem Parmesan oder einem Dip nach Wahl.

ANMERKUNG: *Der **Kürbisrisotto mit Pancetta und frittiertem Salbei** (Seite 174) ergibt absichtlich mehr als für zwei Personen benötigt. Den Rest könnt ihr für dieses Rezept verwenden.*

Garnelentoast

Vorbereitung
15 Minuten

Garzeit
5 Minuten

Ergibt
2 Portionen

Wer noch nie Garnelentoast probiert hat, kann jetzt einen Haken dahinter machen. Ich habe das Rezept geschmacklich etwas milder gestaltet, damit auch die zarten Seelen ihre Freude daran haben können.

1 l Pflanzenöl zum Frittieren
225 g Garnelen, geschält und vom Darm befreit
½ TL (3 g) feines Meersalz
1 TL (5 ml) Sojasauce
½ TL (4 g) Zucker
1 Eiweiß
1 Frühlingszwiebel, ganz fein gehackt
1½ TL (5 g) Speisestärke
½ TL geröstetes Sesamöl
4 Scheiben Weißbrot
Sesam zum Bestreuen

Dip

75 g Mayonnaise
1 Knoblauchzehe, gerieben
1 TL (5 ml) Zitronensaft
1 EL (15 g) Spicy Chili Crisp (scharfes Würzöl)
1 Frühlingszwiebel, fein geschnitten, zum Servieren

1 Das Pflanzenöl in einen großen Topf (5 Liter) mit schwerem Boden oder in eine hohe schwere Pfanne gießen (es sollte maximal bis zur halben Höhe reichen) und bei mittlerer bis hoher Temperatur auf 180 °C erhitzen.

2 Inzwischen für den Dip sämtliche Zutaten in einer kleinen Schüssel sorgfältig verrühren, bis alles gleichmäßig vermengt und die Mischung homogen ist. Mit der Frühlingszwiebel bestreuen, dann beiseitestellen.

3 Die Garnelen im Mixer zerkleinern, bis nur noch wenig kleine Stücke verblieben sind. Die Masse in eine kleine Schüssel geben. Salz, Sojasauce, Zucker, Eiweiß, Frühlingszwiebel, Speisestärke und Sesamöl zugeben und sorgfältig unterrühren.

4 Die Garnelenpaste gleichmäßig auf zwei Scheiben Weißbrot verteilen und mit den beiden anderen Scheiben abdecken.

5 Die Sandwiches fest zusammendrücken, sodass sie aneinanderhaften und die Paste an den Rändern leicht hervorquillt. Die Ränder in den Sesam drücken.

6 Die Sandwiches einzeln in dem heißen Öl 5–6 Minuten frittieren, bis sie goldbraun sind und die Garnelenfüllung durchgegart ist. Regelmäßig wenden.

7 Die Garnelentoasts mit dem Dip servieren.

Everything-Bagel-Cracker

Vorbereitung
50 Minuten

Garzeit
10–15 Minuten

Ergibt
8 Cracker

Manchmal steht einem der Sinn nach einem Everything-Bagel, mit einem knusprigen Topping aus Sesam, Mohn und anderen leckeren Sachen. Wenn ein Bagel nur nicht so groß wäre. Gibt es keine abgespeckte Snack-Variante? Wartet mal, ich glaube, ich habe da was für euch.

- 150 g Mehl, plus Mehl zum Verarbeiten
- 150 g Weizenvollkornmehl
- ½ TL (3 g) feines Meersalz
- 3½ EL (53 ml) natives Olivenöl extra
- 75 ml Wasser
- 1 Eiweiß

Everything-Topping

- 3 EL (27 g) weißer Sesam
- 1 EL (9 g) schwarzer Sesam
- 1 EL (4 g) Zwiebelflocken
- 1 EL (8 g) getrockneter gehackter Knoblauch
- 1 EL (9 g) Mohnsamen
- 2½ EL (35 g) Meersalzflocken

1 In einer mittelgroßen Schüssel beide Mehle und das Salz vermengen. Öl und Wasser unterrühren und die Mischung von Hand 2–3 Minuten kneten, bis sich die Zutaten zu einem glatten Teig verbunden haben. Mit Frischhaltefolie zudecken und bei Raumtemperatur 30 Minuten ruhen lassen.

2 In einer weiteren mittelgroßen Schüssel sämtliche Zutaten für das Everything-Topping gründlich vermengen und beiseitestellen.

3 Den Backofen auf 180 °C vorheizen und zwei Backbleche mit Backpapier auslegen.

4 Nach Ablauf der 30 Minuten den Teig halbieren und jede Hälfte in vier gleich große Stücke (à etwa 60 g) teilen. Vier Teigstücke mit Frischhaltefolie bedecken, damit sie nicht austrocknen. Die verbliebenen vier Stücke zu ganz dünnen, langen Ovalen ausrollen und bei Bedarf mit weiterem Mehl bestäuben. (Eine Nudelmaschine kann dabei nützlich sein.)

5 Die Teigovale paarweise nebeneinander auf die vorbereiteten Bleche legen, mit dem Eiweiß bestreichen und mit je 1 TL Everything-Topping bestreuen.

6 Die Cracker im Ofen 10–15 Minuten goldbraun und knusprig backen. Aus dem Ofen nehmen und abkühlen lassen. Den restlichen Teig in gleicher Weise verarbeiten und backen.

7 Die Cracker vor dem Servieren vollständig abkühlen lassen und mit was immer ihr mögt genießen – zum Beispiel zu einer Aufschnitt- und/oder Käseplatte, mit Frischkäse, Lachskaviar und Dill oder mit Räucherlachs. Die Cracker halten sich in einer Frischhaltebox oder einer Tüte bei Raumtemperatur 7–8 Tage.

Pommes Gaufrettes

Vorbereitung
25 Minuten

Garzeit
15 Minuten

Ergibt
3–4 Portionen

Machen wir uns nichts vor – diese Waffelkartoffeln sind eine Variante von Kartoffelchips. Aber nicht *irgendeine* Variante. Willkommen in einer ganz neuen Welt der Kartoffelchips!

- 2 TL (10 ml) klarer Branntweinessig
- ½ TL (2 g) Backnatron
- 1 EL (16 g) Salz, plus Salz nach Geschmack
- 2 mittelgroße mehligkochende Kartoffeln (etwa 500 g), geschält
- 2,5 l Pflanzenöl zum Frittieren

1 In einem mittelgroßen Topf 1 Liter Wasser mit Essig, Natron und Salz bei mittlerer bis starker Hitze kurz aufkochen und dann vom Herd nehmen.

2 Einen Gemüsehobel mit der geriffelten Klinge bestücken und auf 7 mm einstellen. Die Kartoffeln in Scheiben schneiden und nach jedem Schnitt um 90 Grad drehen, sodass ein ansprechendes Waffelmuster entsteht. In dieser Weise sämtliche Kartoffeln in »Waffeln« schneiden.

3 Die Waffelkartoffeln in einer großen Schüssel mit dem heißen Wasser übergießen und 5 Minuten ziehen lassen. In ein Sieb abgießen, auf Küchenpapier verteilen und vollständig trocknen lassen.

4 Während die Kartoffeln trocknen, das Pflanzenöl in einem großen Topf (es sollte maximal bis zur halben Höhe reichen) bei mittlerer bis hoher Temperatur auf 180 °C erhitzen.

5 Die Kartoffeln, sobald sie trocken sind, portionsweise in das heiße Öl geben und 2–4 Minuten frittieren, bis sie goldbraun und richtig knusprig sind. Herausnehmen, auf Küchenpapier abtropfen lassen und sofort nach Geschmack salzen.

6 Die Pommes Gaufrettes solo oder mit einem Dip nach Wahl servieren.

Vorbereitung
20 Minuten

Garzeit
30 Minuten

Ergibt
5–6 Portionen

Schnitzel
mit Brombeerkonfitüre

In der Schlichtheit liegt die Schönheit – ein knuspriges Schnitzel und eine üppige, leicht süß-säuerliche Konfitüre. Der Inbegriff von salzig, saftig und süß, und dafür gibt es keine bessere Kombi, es sei denn, es gesellt sich noch der explosive Crunch einer perfekt geratenen Panierung hinzu.

1,5–2,3 kg ausgelöster Schweinerücken, in 6,5 cm dicke Scheiben geschnitten
Salz und frisch gemahlener schwarzer Pfeffer
150 g Mehl
2 große Eier
1 EL (15 ml) Wasser
240 g Semmelbrösel
875 ml Pflanzenöl
2 Zitronen, in Spalten geschnitten
Dill zum Servieren (nach Belieben)

Brombeerkonfitüre
500 g Brombeeren
150 g Zucker
60 ml Wasser

1 Die Zutaten für die Brombeerkonfitüre in einem mittelgroßen Topf vermengen, bei mittlerer bis starker Hitze zum Kochen bringen und 7–10 Minuten garen, bis die Mischung eingedickt ist. Ab und zu umrühren. (Die Konsistenz lässt sich prüfen, indem man etwa 1 TL auf einen kleinen Teller gibt und für 1 Minute in den Kühlschrank stellt. Bildet sich anschließend ein klebriger Faden, wenn man die Masse zwischen zwei Fingern reibt, ist die Konfitüre fertig.) Die Konfitüre durch ein feines Sieb streichen und vollständig abkühlen lassen.

2 Die Fleischscheiben horizontal auf-, aber nicht ganz durchschneiden. Dann mit einem Fleischklopfer auf etwa 9 mm Stärke flach klopfen, sodass ihr richtig große Schnitzel habt (Löcher vermeiden). Die Schnitzel mit Salz und schwarzem Pfeffer würzen und bei Raumtemperatur 5 Minuten beiseitestellen.

3 Das Mehl in eine flache Schale geben. In einer weiteren Schale die Eier mit dem Wasser verquirlen. Die Semmelbrösel in eine dritte Schale geben.

4 Eine hohe schwere Pfanne (Ø 30 cm) etwa 1,3 cm hoch mit Pflanzenöl füllen (es sollte maximal bis zur halben Höhe der Pfanne reichen). Das Öl bei mittlerer bis hoher Temperatur auf 180 °C erhitzen.

5 Sobald ihr startbereit seid, das erste Schnitzel in dem Mehl wenden, bis es vollständig bedeckt ist (den Überschuss abschütteln), anschließend in dem verquirlten Ei wenden und zuletzt sorgfältig mit Semmelbröseln panieren. Die Brösel sanft andrücken, damit sie haften. Die restlichen Schnitzel ebenso panieren.

6 Die panierten Schnitzel nacheinander in dem heißen Öl von jeder Seite 2–3 Minuten braten, bis sie goldbraun und durchgegart sind. Regelmäßig wenden.

7 Die Schnitzel auf Teller verteilen. Wenn ihr alles richtig gemacht habt, sollten sie den Teller gut ausfüllen. Mit Zitronenspalten und Brombeerkonfitüre servieren. Wer mag, gibt noch frischen Dill dazu.

Pikantes Karamell-Popcorn

Vorbereitung
5 Minuten

Garzeit
45 Minuten

Ergibt
eine ganze Menge

So, jetzt habt ihr dieses Buch also gekauft. Jedenfalls gehe ich davon aus. Vielleicht steht ihr auch gerade in der Buchhandlung und blättert nur darin herum. Dann allerdings frage ich mich, was zum Teufel tut ihr da? Ihr lest Rezepte ohne eine Küche in Reichweite? Das grenzt ja an Folter. Wie auch immer, ich will euch nicht überreden, dieses Rezept zu probieren. Lasst es ruhig bleiben … doch nur ein knuspriger Biss in diese süß-salzigen, umamilastigen Kameraden sollte reichen, um euch daran zu erinnern, worum es in diesem Kapitel geht.

2 EL (30 ml) Pflanzenöl
65 g Popcornmais
185 g brauner Zucker
125 ml heller Maissirup
225 g gesalzene Butter
½ TL (2 g) Backnatron
2 TL (6 g) Shichimi-Togarashi-Gewürz
1¾ TL (5 g) Pilzsuppe aus dem Beutel
2 TL (10 ml) Vanilleextrakt

1 Den Backofen auf 120 °C vorheizen. Ein Backblech mit Backspray einfetten.

2 Das Öl und den Popcornmais in einem großen Topf (4–5 Liter) vermengen und bei mittlerer Hitze auf den Herd stellen. Den Deckel auflegen und den Topf in ständigem Kontakt zur Hitzequelle sanft schwenken. In dieser Weise beständig weitermachen, bis die Maiskörner platzen und das typische »Pop« zu hören ist – das dauert nur wenige Minuten. Nun etwas energischer und schneller schwenken; das poppende Knallen sollte sich dabei beschleunigen. Sobald es abebbt und schließlich ganz verstummt, den Topf vom Herd nehmen. Das Popcorn in eine große Schüssel umfüllen.

3 Zucker, Maissirup und Butter in einem Topf (2 Liter) vermengen und bei mittlerer Temperatur unter ständigem Rühren auflösen. (Karamellisierenden Zucker umzurühren ist normalerweise ein No-Go, aber hier funktioniert es.) Sobald die Mischung aufkocht, nicht mehr umrühren und den Karamell weitere 5 Minuten köcheln lassen.

4 Während der Karamell kocht, Natron, Shichimi-Togarashi-Gewürz und Suppenpulver in einer kleinen Schüssel vermengen.

5 Den Karamell vom Herd nehmen. Natron-Mix und Vanilleextrakt unterrühren, den Karamell anschließend über das Popcorn gießen und mit einem Spatel sorgfältig unterheben, bis das Popcorn gleichmäßig überzogen ist.

6 Das Karamell-Popcorn auf dem vorbereiteten Blech verteilen und im Ofen 30–40 Minuten backen. Ab und zu durchrühren.

7 Das Popcorn aus dem Ofen nehmen und vollständig abkühlen lassen. In mundgerechte Stücke brechen und in einen fest schließenden Behälter füllen. Oder ihr verputzt sie direkt – meinen Segen habt ihr.

Vorbereitung
1 Stunde, plus über Nacht abtropfen lassen

Garzeit
32 Minuten

Ergibt
etwa 30 Cannoli

Cannoli
mit Haselnusscreme

Ich war nie ein großer Cannoli-Fan. Nicht, dass sie nicht lecker wären, aber mir fehlte dabei immer das gewisse Etwas. Was für ein Glück – diese Cannoli haben alles, was sie brauchen.

Haselnusscreme und -crumble
- 135 g Haselnusskerne
- 150 g Zucker
- 3 ½ EL (53 ml) Wasser
- 1 Prise feines Meersalz

Teighüllen
- 260 g Mehl
- 3 EL (36 g) Zucker
- ½ TL (3 g) feines Meersalz
- 3 EL (36 g) weiches Schweineschmalz
- 85 ml Marsala
- 1 großes Ei
- 2,5 l Pflanzenöl zum Frittieren
- 1 Eiweiß

Füllung
- 910 g Ricotta (Vollfettstufe)
- 190 g Mascarpone
- 75 g Puderzucker
- 1 TL (2 g) abgeriebene Bio-Zitronenschale
- 3 EL (45 g) Haselnusscreme (siehe oben)
- 45 g Schokotropfen

Zubehör
Cannoli-Formen

Für den Haselnuss-Crumble

1 Den Backofen auf 180 °C vorheizen. Ein Backblech mit Backpapier auslegen, die Haselnüsse darauf verteilen und im Ofen 8–10 Minuten rösten, bis sie leicht gebräunt sind und die Haut sich löst.

2 Die Haselnüsse in ein Küchentuch einschlagen, aneinanderreiben und so gut es geht von der Haut befreien. Die Nüsse anschließend auf dem Blech vollständig abkühlen lassen.

3 Den Zucker mit dem Wasser in einem mittelgroßen Topf verrühren und bei mittlerer bis starker Hitze 10 Minuten kochen, bis ein bernsteinfarbener Karamell entsteht (nicht umrühren). Den Karamell über die Haselnüsse gießen und vollständig abkühlen lassen.

4 Die Nüsse, sobald sie abgekühlt sind, mit dem Salz in den Mixer geben und in kurzen Intervallen zu einem krümeligen Crumble zerkleinern. Die Hälfte davon in einer kleinen Schüssel beiseitestellen. Den Rest weiter zerkleinern, bis eine glatte, pastose Creme entstanden ist; ebenfalls beiseitestellen.

Für die Teighüllen

1 In einer großen Schüssel Mehl, Zucker und Salz vermengen. Das Schmalz in die Mischung hacken, bis sie von krümeliger Konsistenz ist. Den Marsala und das ganze Ei untermischen, bis sich die Zutaten grob verbunden haben, und den Teig etwa 5 Minuten kneten, bis er geschmeidig ist. Fühlt er sich etwas trocken an, 1 EL Wasser einarbeiten. Den Teig mit Frischhaltefolie zudecken und bei Raumtemperatur 30 Minuten ruhen lassen.

2 Das Öl in einen großen Topf (5–6 Liter) gießen (es sollte maximal bis zur halben Höhe reichen) und bei mittlerer bis hoher Temperatur auf 180 °C erhitzen.

3 Den Cannoli-Teig in zwei Hälften teilen und jeweils etwa 1,6 mm dünn ausrollen (eine Nudelmaschine käme jetzt gerade recht).

4 Aus dem Teig mit einem runden Ausstecher (Ø 10 cm) Kreise ausstechen. Die Cannoli-Formen mit Backspray einsprühen. Die Teigkreise an einer Seite mit Eiweiß einpinseln und um die Formen wickeln, sodass die bestrichene Seite zum Schluss nach unten weist. (Das Eiweiß dient als Klebstoff zum Fixieren.) Den Rand sanft andrücken und die restlichen Teigkreise in gleicher Weise um die Formen wickeln.

5 Mit einer hitzebeständigen Küchenzange die Teighüllen vorsichtig in das heiße Öl senken, 1–2 Minuten frittieren, dann auf Küchenpapier abtropfen lassen. Nach dem Abtropfen auf einem Gitter vollständig abkühlen lassen, dann von den Formen lösen.

Für die Füllung

1 Eine große Schüssel mit einem Passiertuch oder Käseleinen auslegen. Den Ricotta hineingeben und die Molke über Nacht im Kühlschrank abtropfen lassen.

2 Den abgetropften Ricotta in einer großen Schüssel mit Mascarpone und Puderzucker verrühren. Zitronenschale, Haselnusscreme und Schokotropfen unterziehen und die Füllung in einen Spritzbeutel mit großer Lochtülle füllen.

3 Die Füllung in die Cannoli-Hüllen spritzen, die Enden in den restlichen Haselnuss-Crumble drücken und genießen!

Churros

Vorbereitung
20 Minuten

Garzeit
23 Minuten

Ergibt
12 Churros

Traditionell werden Churros mit dem Spritzbeutel direkt ins heiße Öl abgeseilt. Dressiert man sie jedoch vor dem Frittieren auf ein Blech, werden sie nicht nur zu knusprigen kleinen Röschen von zimtzuckrigem Crunch, man kann sie auch in den Kühlschrank stellen und erst am nächsten Tag frittieren und servieren. Beglückt damit eure Partygäste, und ich bin sicher, sie werden auf die Knie fallen und euch anflehen, sie niemals zu verlassen.

Teig

250 ml Wasser
55 g Butter
2½ EL (30 g) Zucker
Mark von 1 Vanilleschote
½ TL (3 g) feines Meersalz
150 g Mehl
2 l Pflanzenöl zum Frittieren
1 großes Ei
1 Eigelb

Zimtzucker

200 g Zucker
2½ TL (9 g) gemahlener Zimt

Schokoladensauce (nach Belieben)

55 g reines Kakaopulver
150 g Zucker
¼ TL (1 g) feines Meersalz
½ TL (2 g) gemahlener Zimt
½ TL (3 g) gemahlener Espresso
125 ml Wasser
2 TL (10 ml) Vanilleextrakt

1 Für den Teig das Wasser in einem mittelgroßen Topf mit Butter, Zucker, Vanillemark und Salz bei mittlerer bis hoher Temperatur zum Kochen bringen. Das Mehl zugeben und mit einem hitzebeständigen Spatel oder Kochlöffel ständig umrühren, bis sich die Zutaten zu einem Teig verbunden haben. In eine Schüssel geben und 5–7 Minuten abkühlen lassen.

2 Während der Teig abkühlt, das Öl in einen Topf mit schwerem Boden oder in eine große Pfanne (es sollte maximal bis zur halben Höhe reichen) gießen. Das Öl bei mittlerer bis hoher Temperatur auf 185 °C erhitzen.

3 Inzwischen die Zutaten für den Zimtzucker in einer kleinen Schüssel vermengen und beiseitestellen.

4 Für die Schokoladensauce (falls verwendet) die Zutaten mit Ausnahme des Vanilleextrakts in einem kleinen Topf vermengen und bei mittlerer bis hoher Temperatur erhitzen. Sobald die Mischung aufkocht, die Temperatur herunterstellen und die Sauce 45 Sekunden leise köcheln lassen, bis sie dick und glänzend ist. Den Vanilleextrakt unterrühren und die Sauce bis zur Verwendung zugedeckt beiseitestellen.

5 Das Ei und das Eigelb zum Teig geben und mit dem elektrischen Handrührgerät einarbeiten, bis die Masse glatt und homogen ist. Den Teig in einen Spritzbeutel mit Sterntülle (1,3 cm) füllen.

6 Aus einem Bogen Backpapier zwölf Quadrate à 10 × 10 cm ausschneiden. Ein Backblech mit Backspray einsprühen und die Papierquadrate darauf verteilen. Leicht andrücken, damit sie nicht verrutschen. Mit dem Spritzbeutel in der Mitte der Quadrate beginnend jeweils eine kompakte Teigspirale auftragen, rundherum jedoch einen mindestens 7 mm breiten Rand frei lassen. In dieser Weise sämtlichen Teig spiralförmig auf die Papierquadrate aufspritzen.

7 Wenn ihr startbereit seid, die Churros samt Papier in das heiße Öl gleiten lassen. (Immer nur zwei bis drei Churros gleichzeitig frittieren.) Das Papier, sobald es sich ablöst, mit einer Küchenzange vorsichtig aus dem Öl fischen und wegwerfen. Die Churros weitere 2–4 Minuten goldbraun und knusprig frittieren. Auf einem Gitter 15 Sekunden abtropfen lassen und anschließend sofort in dem Zimtzucker wenden.

8 Die Churros sofort servieren – pur oder mit Schokoladensauce.

Baklava
mit Rosenwasser

Vorbereitung
20 Minuten

Garzeit
1 Stunde

Ergibt
36 Stück

Manche glauben, Baklava sei superschwierig zu realisieren, aber ich halte es für eines der einfachsten Desserts in diesem Buch. Und wenn wir schon über Crunch reden: Dieses Rezept verspricht mehrere Etagen knisternden Genuss. Nicht zu vergessen die kernig-triefende Süße, die Schicht für Schicht dazwischen wartet.

- 225 g Walnusskerne, plus mehr zum Dekorieren (nach Belieben)
- 225 g Pekannusskerne, plus mehr zum Dekorieren (nach Belieben)
- 1 TL (3 g) gemahlener Zimt
- ¼ TL (1 g) geriebene Muskatnuss
- 1 Paket Filoteig (450 g)
- 280 g Butter, zerlassen
- 150 g Zucker
- 185 ml Wasser
- 1½ TL (7,5 ml) Rosenwasser
- 185 g Wildblütenhonig
- Rosenblütenblätter zum Dekorieren (nach Belieben)

1 Den Backofen auf 165 °C vorheizen. Boden und Rand einer rechteckigen Backform (23 × 33 cm) mit Backspray einsprühen.

2 Walnüsse und Pekannüsse im Mixer in kurzen Intervallen mittelfein hacken. (Die Stücke sollten nicht größer als 7 mm sein.) In eine mittelgroße Schüssel geben, Zimt und Muskat hinzufügen und alles gut vermengen.

3 Die vorbereitete Form mit zwei Filoteigblättern auslegen und das obere Blatt großzügig mit zerlassener Butter bestreichen. Ein weiteres Teigblatt hineinlegen und ebenfalls mit Butter bestreichen. In dieser Weise fortfahren, bis insgesamt zehn Filoblätter in der Form liegen. (Die anderen Teigblätter stets mit einem feuchten Tuch bedeckt halten, damit sie nicht austrocknen.)

4 Etwa ein Viertel der Nussmasse einfüllen und gleichmäßig auf dem Teig verteilen. Wie beschrieben fünf weitere Teigblätter einschichten und ein weiteres Viertel der Nussmasse darauf verteilen. In dieser Weise fortfahren, bis sämtliche Nussmasse verbraucht ist. Nun noch einmal zehn Teigblätter einschichten und buttern; zuletzt das oberste Teigblatt mit Butter bestreichen.

5 Am Rand überhängenden Teig abschneiden. Den Teig in der Form im Abstand von 4 cm zuerst in Streifen, dann diagonal in Rauten schneiden. Die Baklava im Ofen 1 Stunde backen, bis sie eben goldbraun ist.

6 Inzwischen in einem mittelgroßen Topf den Zucker mit dem Wasser verrühren und bei mittlerer Temperatur erhitzen, bis sich der Zucker vollständig aufgelöst hat. Vom Herd nehmen. Rosenwasser und Honig unterrühren.

7 Die fertig gebackene Baklava aus dem Ofen nehmen und sofort gleichmäßig mit dem Zuckersirup übergießen. (Der Sirup kocht sofort sprudelnd auf – keine Bange, das muss so sein.)

8 Falls gewünscht, die Baklava mit weiteren gehackten Nüssen bestreuen. Vor dem Servieren abkühlen lassen. Wer mag, kann sie mit Rosenblütenblättern dekorieren.

Tanghulu mit Mezcal

Vorbereitung
10 Minuten

Garzeit
15 Minuten

Ergibt
10–15 Spieße

Hüllt frische Früchte in einen knusprigen Mantel aus gehärtetem Zucker, und es ist um euch geschehen.

- 500 g gemischte Früchte wie Erdbeeren, Weintrauben, Heidelbeeren, Mandarinen, Orangen, Kiwi und Ananas, geputzt und gegebenenfalls in Stücke geschnitten
- 400 g Zucker
- 1 EL (15 ml) Mezcal
- 250 ml Wasser

1 Die Früchte waschen und gründlich trocknen. (Sie müssen so trocken wie möglich sein.)

2 Eine mittelgroße Schüssel mit Eiswasser bereitstellen.

3 Die Früchte auf 10–15 Bambusspieße stecken, jeweils ein bis drei Stücke pro Fruchtsorte. (Bei größeren Früchten würde ich es bei einem Stück pro Sorte belassen.)

4 In einem mittelgroßen Topf Zucker, Mezcal und Wasser vermengen, bei mittlerer bis hoher Temperatur erhitzen. Ein Zuckerthermometer einhängen. Sobald die Mischung aufkocht, die Hitze auf niedrige bis mittlere Stufe herunterstellen. Nicht umrühren. Den Zuckersirup köcheln lassen, bis er eine Temperatur von 150 °C erreicht hat. Vom Herd nehmen.

5 Nun zügig, aber vorsichtig den ersten Spieß am Ende aufnehmen, in den Zuckersirup tauchen und behutsam darin wenden, bis die Früchte rundherum überzogen sind.

6 Überschüssigen Sirup kurz abtropfen lassen und den Spieß rasch in das Eiswasser tauchen. (Möglichst zügig arbeiten, bevor der Sirup zu sehr abkühlt.) Die Spieße anschließend aufrecht in ein Stück Styropor stecken und vollständig erkalten lassen.

7 Sämtliche Fruchtspieße so mit Zuckersirup überziehen und nach dem Erkalten sofort servieren – frisch zubereitet schmecken sie am besten.

Knusprige Röstschalotten

Vorbereitung
10 Minuten

Garzeit
8 Minuten

Ergibt
etwa 2 große Handvoll

8 große Schalotten
1,5 l Pflanzenöl zum Frittieren
Salz nach Geschmack

Passt zu allem. Punkt. Mehr gibt's dazu nicht zu sagen.

1 Die Schalotten schälen, die Stielansätze kappen, die Basis mit dem Wurzelansatz dranlassen.

2 Die Schalotten auf einem Gemüsehobel in knapp 7 mm dünne, runde Scheiben schneiden. (Ihr könnt das natürlich auch mit dem Messer erledigen, doch damit sie möglichst gleichmäßig garen und ihr am Ende mit makellos knusprigen Zwiebelringen belohnt werdet, sollten die Schalotten auch möglichst einheitlich geschnitten werden.)

3 Das Öl und die Schalotten in einen großen Topf (4 Liter) geben und bei mittlerer bis hoher Temperatur erhitzen. Dabei beständig mit zwei Holzspießen umrühren. Zuerst beginnen die Schalotten nur leicht in dem Öl zu sieden, bis sie schließlich in dem sprudelnden Öl frittieren. Dabei unablässig weiterrühren.

4 Sobald das Öl nicht mehr sprudelt und die Schalotten goldbraun sind (nach 5–8 Minuten), diese mit einer Schaumkelle herausfischen und auf Küchenpapier abtropfen lassen. Sofort mit Salz bestreuen und gut durchheben, um das Salz gleichmäßig zu verteilen. Die Röstschalotten vollständig abkühlen lassen, nur so werden sie extra knusprig.

5 Eine Frischhaltebox mit einer doppelten Lage Küchenpapier auslegen, die Röstschalotten hineingeben und fest verschlossen lagern. (Ihr könnt noch ein Beutelchen Silicagel obendrauf legen.) Sie bleiben wochenlang frisch. Zu allem genießen, was ein bisschen süß-salzigen Crunch vertragen kann.

Vorbereitung
10 Minuten

Garzeit
Entfällt

Ergibt
3–4 Portionen

Nashibirnen-Salat

Einer meiner absoluten Lieblingssnacks, der nicht mal viel Arbeit macht – Herd einschalten entfällt (fast). In kaum zehn Minuten liegt alles hübsch auf dem Teller, doch was sich da in Sachen Textur abspielt, ist märchenhaft: knackige, frische Birnen, knuspernde Salami und Pistazien und zart schmelzender Parmesan. Es scheint so simpel – und das ist es auch! (Zwischen all den härteren Nüssen in diesem Kapitel musste mal ein simples Rezept her.)

35 g Salami, in 7 mm große Würfel geschnitten
3 Nashibirnen (asiatische Birnen), in dünne Spalten geschnitten
50 g geröstete Pistazienkerne, fein gehackt
1 mittelgroße Bio-Zitrone
natives Olivenöl extra zum Beträufeln
Meersalzflocken zum Bestreuen
geriebener Parmesan zum Bestreuen

1 Eine kleine Pfanne bei mittlerer Temperatur erhitzen. Die Salamiwürfel hineingeben und regelmäßig durchschwenken, bis sie rundherum knusprig sind.

2 Die Birnenspalten fächerartig auf Teller verteilen.

3 Die knusprigen Salamiwürfel und die gerösteten Pistazien über die Birnenfächer streuen. Ein wenig Zitronenschale über die Früchte reiben und mit 1 Spritzer Zitronensaft abrunden.

4 Den Salat großzügig mit Olivenöl beträufeln, mit 1 Prise Meersalzflocken würzen und mit Parmesan vollenden (entweder gehobelt oder fein gerieben). Sofort genießen.

Bissfest

Was ist Biss?

Ich bin der Ansicht, dass wir in Amerika einen anständigen »Chew« nicht richtig zu würdigen wissen. Dieses Kaugefühl von wohltuend festem Biss, der den Zähnen einen gewissen Widerstand bietet, ist fast so erstrebenswert wie ein guter Crunch. Dummerweise nutzt dieser Chew aber auch gern die Gelegenheit, sich als absoluter Horror zu erweisen. Etwa wenn man so clever ist, eine Hähnchenbrust in die Mikrowelle zu stecken, aus der sie so zäh wie eine Ledersohle aus dem frühen 19. Jahrhundert wieder herauskommt.

Genug der Ledersohlen. Speisen mit Biss garantieren auf dem Esstisch ein hohes Maß an Zufriedenheit. Wie wenn man die juckende Stelle beim Kratzen fast perfekt erwischt, aber eben nur fast. Es ist dieser süße, nagende Moment, der erst ganz in Erfüllung geht, wenn man zu Ende gegessen hat. Speisen mit Biss zeichnen sich dadurch aus, dass sie den Genuss erst durch deutlich mehr Anstrengung entfalten als weiche Speisen. Und genau diese Extramühe erzeugt jene Befriedigung, die Menschen aller Altersgruppen rund um den Globus so lieben. Ja, die Leute scheren sich sehr wohl um den richtigen Biss – mich selbst eingeschlossen.

Ihr solltet mal hören, was Anthony Bourdain über Pho und die vietnamesische Esskultur gesagt hat. Er geht kurz darauf ein, wie sehr die Vietnamesen ein kerniges Element in ihrer geliebten Nudelsuppe schätzen, und ich rede nicht von den Nudeln. Eine weitere Kultur, die darüber diskutiert, ob man den Biss als kulinarische Qualität nutzen sollte oder nicht, und die Meinungen darüber gehen weit auseinander. Aus genau diesem Grund glaubt jeder in seiner jeweiligen Kultur, der eigene Weg, die Dinge zu handhaben, sei der richtige, obwohl es Hunderte, wenn nicht Tausende (vielleicht sogar Millionen?) andere Möglichkeiten gibt, so etwas wie »Biss« zu genießen, nicht nur die eine, die der eigene Tellerrand bietet.

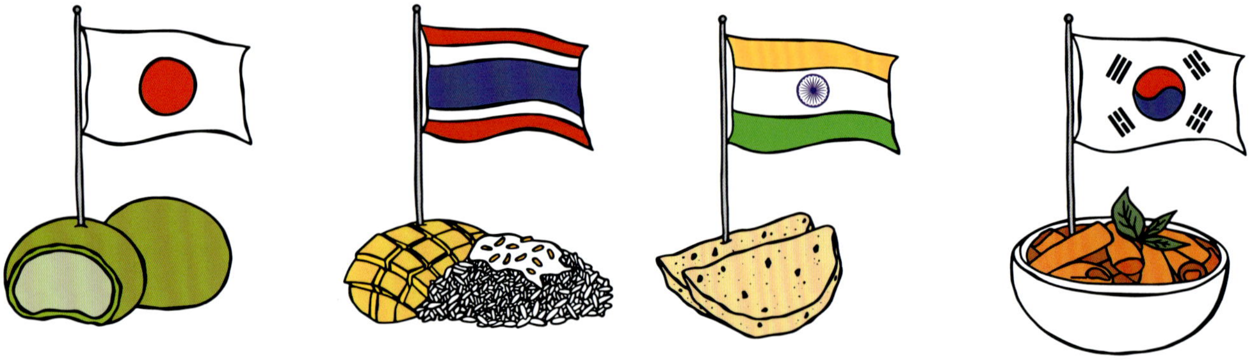

WAS ALS PERFEKTER BISS GILT, IST RUND UM DEN GLOBUS UNTERSCHIEDLICH.

Wie bekommt etwas Biss?

Meistens entstehen Speisen mit Biss durch die Kombination von Stärke und einem Protein. Das Protein muss nicht notwendigerweise tierischer Herkunft sein. Nehmen wir zum Beispiel Gluten. (Ich höre schon das verzweifelte Stöhnen und Wehklagen.) Gluten ist ein Eiweiß, das von Natur aus in Weizen vorkommt, es verleiht Brot, Pizza und Pasta in all ihren Spielarten diesen wunderbar elastischen, kernig-federnden Biss. Die Kombination aus Stärke und Eiweiß erzeugt eine dichte, elastische Struktur, und diese Struktur verleiht den meisten Speisen genau diesen »Chew«, der uns vor Wonne die Augen verdrehen lässt. Bissfestigkeit kann natürlich von weich über zäh bis zu nahezu undurchdringlich reichen. Manchmal sorgt sogar ein besonders fester Biss für den größten Genuss. In anderen Kulturen mögen das perfekt gegarte Rindersehnen sein, für uns Amerikaner ist es eher ein leckerer, kerniger Bagel. (Für einen guten Bagel würde ich schlimme Dinge tun, das gebe ich unumwunden zu.)

Die Textur mit Biss entsteht aber nicht allein durch Stärke, Chew entsteht auf vielfältige Weise, etwa wenn Zucker karamellisiert oder, wie bereits erwähnt, in Gestalt von Eiweiß jeder Art. Neben dem Geschmack ist es sein zarter, geschmeidiger Biss, der ein saftiges Steak so unwiderstehlich macht. Gelatine kann ebenfalls der Lieferant sein, wie bei Gummibärchen zum Beispiel, falls ihr darauf steht. (Ich mag Gummibärchen, wenngleich sie scheinbar nur dem Zweck dienen, den Magen zu ruinieren.)

Natürlich gibt es viele Dinge, die von Natur aus chewy sind, doch lässt sich Chew auch gezielt erzeugen, intensivieren oder modifizieren. Schließlich hat die Welt doch noch den Vorzug von perfekt zubereitetem Reis und al dente gegarter Pasta erkannt. Mit dem richtigen Timing auf den Punkt gegart, bewahren sie diesen kernigen Biss, der sie eigentlich erst zum Genuss macht. Knetet man Pizzateig etwas länger, entwickelt auch er diese Elastizität, die ich Chew nenne. Ihr trefft also jeden Moment, selbst im frühen Stadium, Entscheidungen und ergreift Maßnahmen, um am Ende exakt die Art von Biss zu erhalten, auf die ihr es abgezielt habt. Wie ihr bei vielen Gerichten in diesem Buch feststellen werdet, sollte der Fokus immer auf das Endprodukt gerichtet sein.

FESTER BISS ODER
WEICHER BISS—ES GIBT
GROẞE UNTERSCHIEDE!

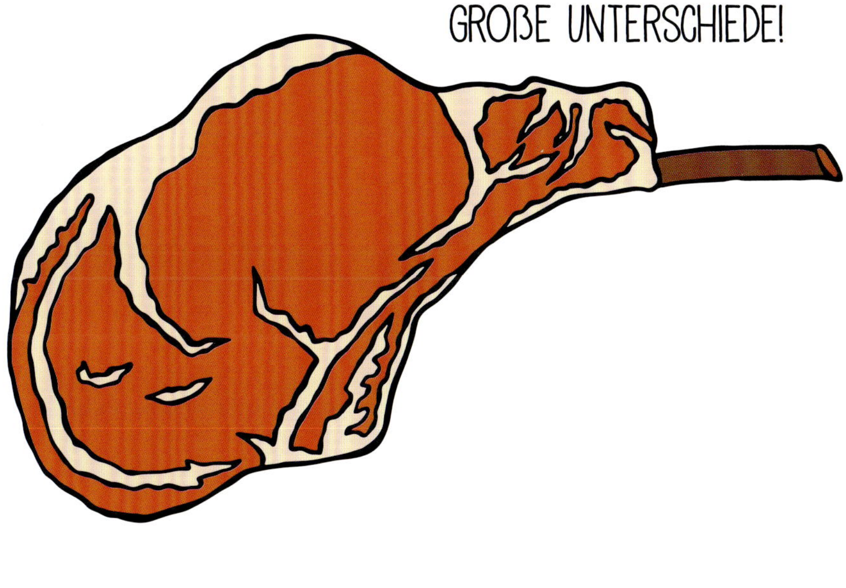

Warum mögen wir Dinge mit Biss?

Viele Gerichte ließen sich ohne den Chew-Faktor nicht in derselben Weise genießen, das ist das Coole daran. Stellt euch mal eine Welt vor, in der Suppenknödel keinen Biss haben. Klingt schrecklich. Da hätte man immer dieses nagende Gefühl, um das Beste betrogen worden zu sein. Wie wenn man auf einer fröhlichen Veranstaltung ist und das, was sie so fröhlich macht, wird durch ein schreiendes Baby ersetzt. Ja, es ist immer noch eine nette Veranstaltung, ihr macht das Beste draus und steckt euch gegebenenfalls Kopfhörer ins Ohr. Aber dieses verdammte Baby sitzt genau neben euch. Der Geschmack des saftigen Knödels, das ist der angenehme Teil, und der wunderbare Biss, den er missen lässt, das ist das schreiende Baby.

Fernöstliche Kulturen beherrschen die Kunst der dosierten Zähigkeit wie ich es nirgends sonst erlebt habe. Ich tue da womöglich einigen Esskulturen Unrecht, ich weiß, aber was mir an der Küche Südostasiens besonders gefällt, ist, dass sie den Biss nicht nur als strukturelles Mittel versteht, sondern diese Textur gezielt einsetzt, um den geschmacklichen Gesamteindruck eines Essens zu steigern. Sie transportiert Geschmack, wie ein Boot, das sich in jedem Medium behaupten kann, um ihn in die denkbar köstlichste Textur gekleidet an die begleitenden Aromen abzugeben.

Seien wir ehrlich. Der Kauvorgang an sich ist schon etwas Angenehmes, falls man gerade in Stimmung ist. Kauen ist ein Bedürfnis, das sich durch nichts anderes befriedigen lässt. Unser Impuls, auf etwas zu kauen, ist so ausgeprägt, dass wir das Kaugummi erfunden haben, dabei essen wir das verdammte Ding nicht einmal! (Ich schätze, man kann es essen, aber dazu raten würde ich nicht.) Kauen ist schlicht Teil des Essvorgangs. Vielleicht ist es die Freude an diesem angenehmen Widerstand, die unser Verlangen nach Wiederholung schürt. Es ist schon komisch, wenn man es aus diesem Blickwinkel betrachtet. Es ist die buchstäbliche ARBEIT beim Kauen, die wir genießen. Kauen gehört wohl zu den wenigen Momenten, in denen die Leute Freude an der Arbeit haben. Wenngleich bei dieser Arbeit natürlich im Allgemeinen sofort die unmittelbare Entlohnung in Form von etwas Leckerem folgt.

Tatsächlich korreliert die Bissfestigkeit einer Speise so eng mit dem Kauvorgang, dass es sogar eine Methode gibt, ihren Chew-Faktor zu messen. Dieses Maß wird bestimmt von der Anzahl der Kaubewegungen im Verhältnis zur Kaurate. Wie oft habt ihr gekaut, und wie groß war der Kauwiderstand bei dieser Kaufrequenz? Ich versteige mich zu der Behauptung, dass es eine Obergrenze gibt, über die hinaus der Chew-Faktor nicht gehen sollte. Die Gleichung »je mehr Kaubewegungen pro Minute, desto besser das Essen« geht nicht auf. Ziemlich sicher stellen sich mit steigender Anzahl der Kaubewegungen bald erste Ermüdungserscheinungen ein. Einige kauen wacker weiter, doch je länger sie es tun, desto weniger Freude haben sie daran. Ziel ist es, herauszufinden, wie man innerhalb des perfekten Kauzeitfensters bleibt, in dem die meisten das Kauen noch als Genuss empfinden.

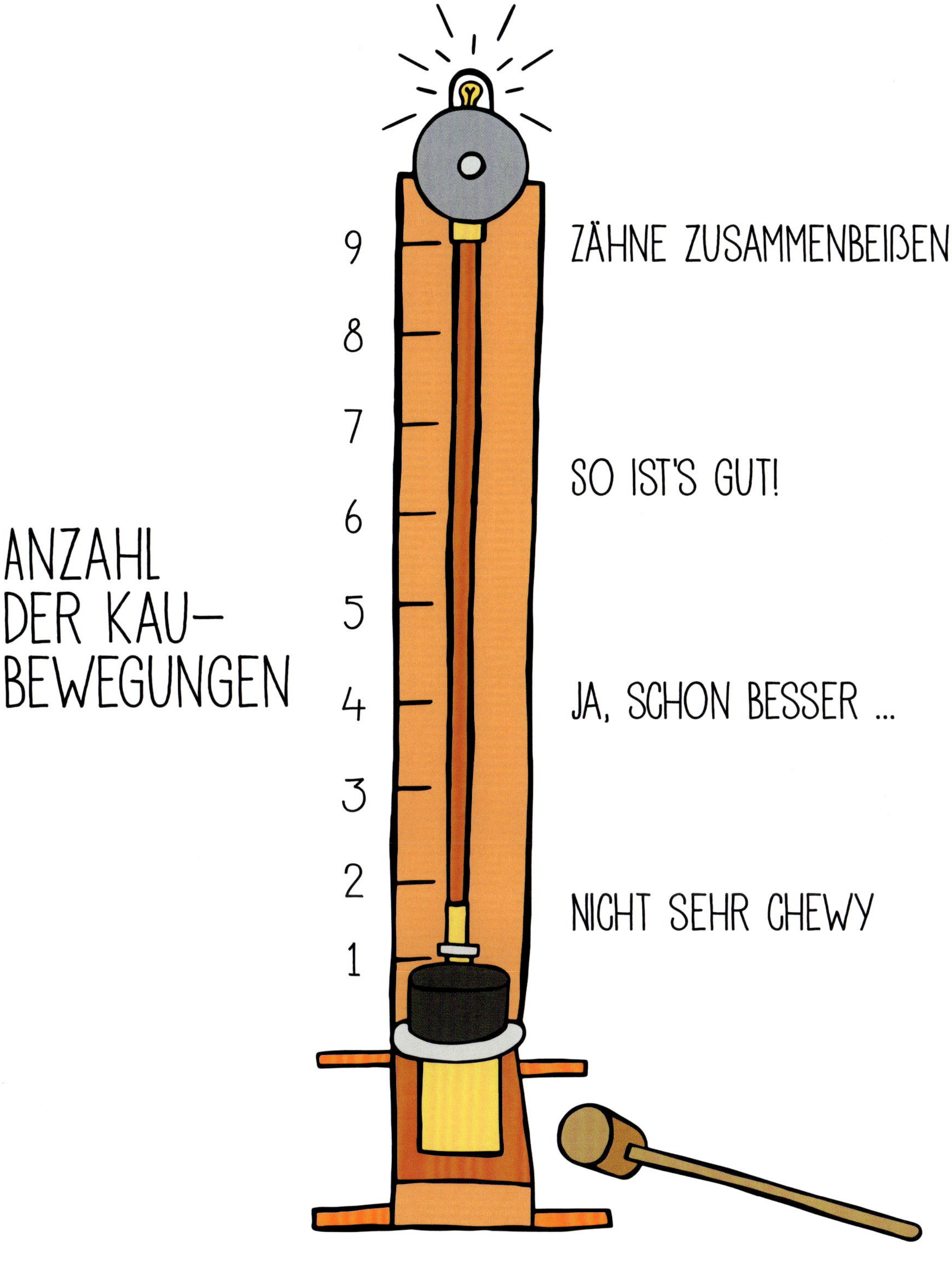
ANZAHL DER KAU-BEWEGUNGEN
9
8
7
6
5
4
3
2
1
ZÄHNE ZUSAMMENBEIẞEN!
SO IST'S GUT!
JA, SCHON BESSER …
NICHT SEHR CHEWY

Warum ist Biss so wichtig?

Reden wir darüber, warum bissfest eine der wichtigsten Texturen überhaupt ist. Mehr als jede andere Textur in diesem Buch zwingt sie uns zu einer langsameren Gangart, bei der wir wirklich schmecken, was wir da essen. Dabei verweilen die Aromen deutlich länger an den Geschmacksknospen, und es bietet sich die Gelegenheit innezuhalten und sich bewusst zu machen, was für Aromen da eigentlich am Werk sind. Vielleicht entdecken wir dabei noch weitere Texturen, denn Chew greift den anderen beteiligten Texturen gewissermaßen unter die Arme. (Wie entgegenkommend, ich wusste, auf Chew ist Verlass.) Kauen zwingt uns, die Dinge auf die richtige Weise zu genießen. Ich schätze, man kann auch den halb durchgekauten Bissen runterschlucken, aber meist tut man es eben doch nicht.

Taugt der feste Biss vielleicht sogar als eine Art Fitnesstraining, das uns in Form hält? Ehrlich gesagt kam mir dieser Gedanke eher als Scherz in den Sinn. Aber es liegt doch auch ein Fünkchen Wahrheit darin. Benötigen wir etwas länger beim Essen, weil es mehr Kauarbeit erfordert, kann das dazu führen, dass wir insgesamt langsamer essen. Was wiederum dazu beiträgt, dass wir uns eher satt fühlen und das Sättigungsgefühl länger anhält. Haltet mich für verrückt, aber ja, ich will euch allen Ernstes erzählen, wenn ihr euch ein bisschen mehr Zeit lasst beim Essen, können sämtliche seiner Facetten auf euch einwirken, und das kann weitreichende Folgen haben.

Davon abgesehen bringe ich die Leute gern dazu, die Dinge richtig zu machen. Ich nehme da kein Blatt vor den Mund, also seid gewarnt. Die meisten sind viel zu ungeduldig, um sich in aller Ruhe an den Tisch zu setzen und eine gute Mahlzeit zu genießen. Offen gesagt ist das frustrierend. Es ist mir egal, ob jemand ein Foodie ist oder nicht. Mich stört nur, wenn die Leute ein Gericht oder eine Mahlzeit nicht in angemessener Weise zu würdigen wissen. Und wenn euch der rechte Biss den Weg ins gelobte Land von Textur und Geschmack weist, bin ich glücklich. Da ihr zu diesem Buch gegriffen habt, hat gutes Essen offensichtlich bereits einen festen Platz in eurem Herzen. Aber selbst wenn Essen für euch nicht diesen Stellenwert hat, so liegt euch sicher an einem Leben voller genussreicher Momente. Und ein großer Garant für solche Momente ist nun mal das Essen. Ich will nicht allzu poetisch werden. Ich will nur sagen, dass die meisten nicht die Geduld aufbringen, die Dinge so zu gestalten, dass sie Freude machen. Nicht zuletzt darum fällt es den Menschen so schwer, positive Veränderungen in ihrem Leben herbeizuführen und ihre Wünsche und Träume zu verwirklichen. Sie haben schlicht nicht die Geduld, die Dinge in Ruhe zu sortieren. In diesem Sinne könnte eine große Schüssel kernig-knackiger Dan-Nudeln euch den Weg zu einem glücklicheren und erfüllteren Leben weisen.

LÄNGER KAUEN =
LANGSAMER ESSEN,
WIR FÜHLEN
UNS EHER UND
LÄNGER SATT.

Wie man für mehr Biss sorgt

Chew ist für viele eine eher seltsame Sache. Es ist schwierig zu bestimmen, in welcher Weise man diese Textur für ein Gericht nutzbar machen kann, wenn man nicht gerade aus einer Kultur stammt, die darauf Wert legt. (Viele Esskulturen tun es nicht.)

Biss hat eher den Status einer Nebensache – bis er plötzlich fehlt. Reis, der kein bisschen Biss hat, macht nicht viel Freude, ebenso wenig wie Pasta, die diese elastische Konsistenz missen lässt, die man al dente nennt.

Stellt euch auch mal die Frage, warum ihr bestimmte Evergreens wie Pasta, Reis, Brot, Marshmallows oder Pizza so gern esst. Ihr werdet feststellen, dass das Thema Biss dabei eine wesentliche Rolle spielt.

DIE CHEW-SKALA

Hier ein paar Beispiele, wie man Speisen Biss verleiht:

- **Suppen:** Nudeln, Reis oder Pasta als Einlage
- **Brühe:** festes Fleisch, Reis, Pasta oder Nudeln als Einlage
- **Größere Mengen Sauce:** Mochi (Klebreisbällchen) oder Reis als Beilage
- **Getränke:** Tapioka oder Gummibärchen
- **Gegrilltes oder geröstetes Gemüse:** gegrillter Halloumi, gegrillte Polenta, Couscous oder Reis als Beilage
- **Käseplatte:** mit Trockenfrüchten als Zugabe
- **Tacos:** geschmolzener Käse von etwas festerer Struktur (und zwar REICHLICH, damit für ausreichend Chew gesorgt ist)
- **Hummus:** als Aufstrich für kerniges Brot wie Pita oder auch für Bagels
- **Käsesauce:** Brezeln oder Laugenbrötchen als Beigabe
- **Shakshuka:** mit knusprigem Brot servieren
- **Pad Thai:** extrafester Tofu als Ergänzung
- **Pekingente:** mit Dampfbrötchen (Bao Buns) servieren
- **Bœuf bourguignon (Rindfleisch in Rotwein):** Gnocchi als Beilage

Vorbereitung
1 Stunde 20 Minuten, plus über Nacht kühlen

Garzeit
25 Minuten

Ergibt
8 Bagels

New-York-Bagels

Für mich ist der Biss in einen guten Bagel wie die Essenz des gesamten Kapitels. Wer nicht in New York lebt – dieser Bagel bringt euch hin.

Teig

- 600 g Weizenmehl Type 550
- 1 EL (13 g) Zucker
- 1 EL (20 g) feines Meersalz
- 1 TL (1 g) Backmalz (nach Belieben)
- 1 TL (3 g) Trockenhefe
- 375 ml lauwarmes Wasser (30 °C)
- 1 EL (15 g) Pflanzenöl
- Maismehl zum Bestäuben

Everything-Bagel-Topping

- 3 EL (27 g) Sesam
- 2 EL (20 g) Mohnsamen
- 2 EL (20 g) getrocknete Zwiebelflocken
- 1 EL (10 g) getrockneter gehackter Knoblauch
- 1 EL (15 g) Meersalzflocken

Zum Garen

- 3,3 l Wasser
- 1½ EL (23 ml) Malzextrakt
- 1 TL (5 g) feines Meersalz
- 1½ TL (6 g) lebensmittelechte Natronlauge (Brezellauge; siehe **Anmerkungen**)

1 Für den Teig Mehl, Zucker, Salz und Backmalz (falls verwendet) in die Schüssel der Küchenmaschine geben.

2 In einer weiteren Schüssel die Trockenhefe in dem lauwarmen Wasser auflösen, anschließend das Öl unterrühren.

3 Die Küchenmaschine mit dem Knethaken bestücken und das Gerät auf niedriger bis mittlerer Stufe einschalten. Die flüssigen zu den trockenen Zutaten gießen und den Teig 8–10 Minuten kneten, bis er ganz glatt ist. (Ihr könnt das auch von Hand erledigen, es dauert nur ein bisschen länger.) Den Teig mit Frischhaltefolie zudecken und 15 Minuten ruhen lassen.

4 Den Teig in acht Portionen à etwa 130 g teilen und auf der Arbeitsfläche durch kreisende Bewegungen zu Bällchen formen. Dabei sanften Druck ausüben und ständig Kontakt zur Unterlage halten. Die Bällchen mit leicht eingeölter Frischhaltefolie zudecken und 15 Minuten gehen lassen.

5 Ein Backblech mit Backspray einsprühen und gleichmäßig mit Maismehl bestreuen. Die Teigbällchen zu Bagels formen. Dazu mit Daumen und Zeigefinger ein Loch durch die Mitte bohren und durch sanftes Dehnen auf 5 cm Durchmesser erweitern. (Das geht am einfachsten, indem man beide Zeigefinger durch das Loch steckt und behutsam umeinander kreisen lässt.) Die Bagels auf dem vorbereiteten Blech verteilen.

6 Die Bagels leicht mit Backspray einsprühen und das Blech sorgfältig mit Frischhaltefolie zudecken – möglichst fest und luftundurchlässig, aber ohne die Bagels zu zerdrücken. Die Bagels über Nacht im Kühlschrank gehen lassen.

7 In der Zwischenzeit das Eyerything-Bagel-Topping vorbereiten. Dazu einfach sämtliche Zutaten in einer kleinen Schüssel sorgfältig vermengen.

8 Am nächsten Tag den Backofen auf 230 °C vorheizen. Ein Backblech mit Backspray einsprühen und leicht mit Maismehl bestreuen, ein zweites Blech mit Backpapier auslegen.

9 In einen großen, flachen Topf das Wasser geben. Malzextrakt, Salz und Lauge (siehe **Anmerkungen**) hineingeben und bei mittlerer bis starker Hitze zum Kochen bringen. Die Bagels mit lebensmittelechten Handschuhen in das kochende Wasser gleiten lassen – portionsweise, damit sie genügend Platz haben – und 30 Sekunden garen. Umdrehen und weitere 30 Sekunden garen. Mit einer Schaumkelle herausheben und zum Abtropfen auf das einge-

sprühte Blech legen. Wollt ihr eure Bagels mit dem Everything-Bagels-Topping bestreuen, muss es jetzt geschehen, solange die Oberfläche noch klebrig ist.

10 Die Bagels auf dem mit Backpapier bedeckten Blech verteilen und im Ofen 15–18 Minuten backen, bis sie kräftig gebräunt sind. Auf einem Gitter vollständig abkühlen lassen und dann bald genießen. Die Bagels schmecken am besten noch am selben Tag, Reste könnt ihr einfrieren und je nach Bedarf auftauen.

ANMERKUNGEN: *Ich versichere euch, dass es völlig ungefährlich ist, mit Natronlauge zu backen, wie schon bei den Laugenstangen in meinem letzten Buch. Lauge wird in der Bäckerei seit Generationen verwendet. Bei diesem Rezept kommt sie zudem in sehr schwacher Dosierung zum Einsatz, dazu werden schädliche Substanzen beim Backen abgebaut, sodass man das Ergebnis bedenkenlos genießen kann. Geht aber bitte vorsichtig damit um und vermeidet den Hautkontakt.*

Nun zur Wahl des Wassers. Sicher könnte man sich Wasser aus New York kommen lassen und dann behaupten, man habe die echten New-York-Bagels gebacken. Aber probiert das Rezept einfach aus und berichtet mir dann, ob das Wasser wirklich eine Rolle spielt. Ich weiß, die New Yorker schütteln jetzt den Kopf … ich will nur sagen, dass es da in LA einige Bagel-Adressen gibt, die es mit den New Yorker Bagel-Spots aufnehmen können. Wie auch immer … ich habe euch alle lieb.

Vorbereitung
2 Stunden, plus über Nacht marinieren

Garzeit
1 Stunde 40 Minuten

Ergibt
10 Portionen

Chinesischer Klebreis

Wenn ihr wisst, wie man Thai-Klebreis zubereitet, dann sollte dieser Reis keine große Hürde für euch darstellen. Sein großes Plus sind die vielen Extras, die er bereithält. Er ist würzig, fleischig, vor allem aber hat er den perfekten Biss.

4 ausgelöste Hähnchenoberschenkel ohne Haut, in 2,5 cm große Würfel geschnitten

740 g Klebreis

3 EL (45 ml) Pflanzenöl

400 g Champignons, gewürfelt

Salz nach Geschmack

1 Bund Frühlingszwiebeln, fein geschnitten

2½ EL (38 ml) dunkle Sojasauce

5 ganze Lotusblätter, 1 Stunde in warmem Wasser eingeweicht

Chili-Öl zum Servieren (nach Belieben)

Marinade

3 EL (45 m) Sojasauce

1 Prise frisch gemahlener weißer Pfeffer

2 EL (30 ml) Austernsauce

1 TL (2 g) Fünf-Gewürze-Pulver

1 Stück Ingwer (1,5 cm), gerieben

1 TL (3 g) Speisestärke

1½ EL (23 ml) Shaoxing-Reiswein

1 Die Zutaten für die Marinade in einer Schüssel verrühren. Die Hähnchenwürfel hineinlegen und zugedeckt über Nacht im Kühlschrank marinieren.

2 Sobald ihr startklar seid, den Reis in einer großen Schüssel mit Wasser bedecken und 2 Stunden einweichen. Anschließend abtropfen lassen.

3 Einen großen Wok bei hoher Temperatur vorheizen. Einen guten Schuss Pflanzenöl darin erhitzen. Sobald es heiß ist, das marinierte Fleisch hineingeben und pfannenrühren, bis es durchgegart und appetitlich gebräunt ist. Auf einem Teller beiseitestellen.

4 Bei Bedarf weiteres Öl in dem Wok erhitzen. Die Champignons hinzufügen, leicht salzen und pfannenrühren, bis sie weich sind und der austretende Saft verdampft ist.

5 Die Frühlingszwiebeln dazugeben, 30–40 Sekunden garen und regelmäßig durchschwenken, bis sie etwas weicher geworden sind.

6 Das Fleisch wieder dazugeben und durchschwenken, anschließend den Reis und die dunkle Sojasauce unterrühren.

7 Ein eingeweichtes Lotusblatt einölen, vom Stiel befreien und halbieren. Je etwa 225 g der Reismischung in die Mitte der Blatthälften setzen, fest darin einschlagen und mit Küchengarn verschnüren. In dieser Weise sämtliche Blätter mit der Reismischung füllen und verschnüren.

8 Die gefüllten Lotusblätter in einen Dämpfkorb legen und auf einen Topf mit leicht siedendem Wasser setzen (das Wasser darf den Dämpfkorb nicht berühren). Den Deckel auflegen und die gefüllten Lotusblätter 90 Minuten dämpfen. (Darauf achten, dass über die gesamten 90 Minuten immer ausreichend Wasser im Topf ist.)

9 Den Reis auswickeln, nach Belieben mit Chili-Öl beträufeln und genießen.

Vorbereitung
12 Minuten

Garzeit
17 Minuten

Ergibt
2 Portionen

Tteokbokki Carbonara

Eigentlich sollte hier eine klassische Pasta Carbonara folgen. Doch schließlich ging mir auf, dass es neben Nudeln noch andere Anwärter für den Klassiker gibt, und so entstand die Idee zu diesem Rezept. Tteokbokki (koreanische Reisküchlein) nach Art von Carbonara zu servieren, mag Italienern zwar wie ein Sakrileg erscheinen. Aber für mich gab es nichts zu bereuen.

340 g ungegarte Tteokbokki (koreanische Reisküchlein)
4 Eigelb
135 g frisch geriebener Pecorino
45 g frisch geriebener Parmesan, plus mehr zum Servieren
Salz
140 g Guanciale (ital. Speck), in 1,3 cm große Würfel geschnitten
2 Knoblauchzehen, in feine Scheiben geschnitten

1 Die Tteokbokki für 10 Minuten in warmes Wasser legen.

2 Inzwischen das Eigelb in einer Schüssel mit Pecorino und Parmesan verrühren und mit ein wenig Salz würzen.

3 Eine große Pfanne (Ø 30 cm) bei niedriger bis mittlerer Temperatur erhitzen, die Guancialewürfel hineingeben und unter häufigem Rühren etwa 5 Minuten anbraten, bis der Speck sein Fett abzugeben beginnt und allmählich braun und knusprig wird. Den Knoblauch dazugeben und 2–3 Minuten mitbräunen. Die Pfanne vom Herd nehmen.

4 In einem mittelgroßen Topf Wasser zum Kochen bringen und kräftig salzen. Die Tteokbokki hineingeben und 5 Minuten köcheln lassen, bis sie vollständig durchgegart sind.

5 Von dem Kochwasser der Tteokbokki etwa 80 ml über die Guanciale schöpfen und die Pfanne bei mittlerer Hitze wieder auf den Herd stellen. Mit einem Kochlöffel den Bratensatz vom Topfboden lösen und die Mischung zum Kochen bringen.

6 Mit einer Schaumkelle die Tteokbokki in die Pfanne geben. Sobald die Flüssigkeit um etwa drei Viertel eingekocht ist, die Pfanne vom Herd nehmen, die Käsemischung hineingeben und durch Schwenken rasch untermischen. Weiter kräftig schwenken, bis die Sauce emulgiert ist. Sie sollte am Ende glatt, cremig und glänzend sein. Ist sie zu dick, esslöffelweise weiteres Kochwasser unterrühren, bis die gewünschte Konsistenz erreicht ist. Bei Bedarf mit weiterem Salz abschmecken.

7 Die Carbonara mit geriebenem Parmesan bestreuen und genießen!

Vorbereitung
15 Minuten, plus 7 Tage pökeln

Garzeit
etwa 5 Stunden, plus über Nacht kühlen

Ergibt
etwa 48 dicke Scheiben

Pastrami-Speck

Ihr mögt Speck? Das trifft sich. Ihr mögt Pastrami? Fantastisch. Hier habt ihr beides im Doppelpack.

- ½ TL (2 g) Senfsamen
- 2 TL (6 g) Korianderkörner
- 2 TL (6 g) schwarze Pfefferkörner
- 2½ EL (45 g) Salz
- 2½ EL (35 g) brauner Zucker
- 1 TL (5 g) Pökelsalz
- 2 kg Schweinebauch ohne Schwarte
- 1 TL (3 g) frisch gemahlener schwarzer Pfeffer
- 1 TL (3 g) Paprikapulver edelsüß
- 1 TL (3 g) gemahlener Koriander
- ½ TL (1 g) Knoblauchpulver
- ½ TL (2 g) Zwiebelpulver
- ¼ TL (1 g) Senfpulver

1 In einer Pfanne Senfsamen, Korianderkörner und schwarze Pfefferkörner bei mittlerer Hitze 1 Minute rösten, bis die Gewürze aromatisch duften. Regelmäßig durchschwenken oder umrühren. Vollständig abkühlen lassen und im Mixer oder in einer Gewürzmühle möglichst fein mahlen.

2 Die gerösteten Gewürze in einer Schüssel mit dem Salz, Zucker und Pökelsalz vermengen. Den Schweinebauch rundherum mit der Mischung einreiben und in einen großen, verschließbaren Plastikbeutel (7,5 Liter) stecken. Den Beutel verschließen, in den Kühlschrank legen und den Schweinebauch 7 Tage pökeln, nach der Hälfte der Zeit umdrehen.

3 Sobald die 7 Tage vorüber sind, einen Smoker auf 120 °C vorheizen. Den Schweinebauch aus dem Beutel nehmen, die Pökellake gründlich abwaschen und das Fleisch sorgfältig mit Küchenpapier trocknen.

4 Den schwarzen Pfeffer in einer Schüssel mit Paprikapulver, gemahlenem Koriander sowie Knoblauch-, Zwiebel- und Senfpulver gründlich vermengen. Die Gewürzmischung rundherum in den Schweinebauch einreiben und gut andrücken, damit sie haftet.

5 Den Schweinebauch in den vorgeheizten Smoker legen und 5 Stunden im Rauch garen, bis er eine Kerntemperatur von 70 °C erreicht hat. Herausnehmen und vollständig abkühlen lassen.

6 Den abgekühlten Schweinebauch in Frischhaltefolie wickeln und über Nacht in den Kühlschrank legen. Sobald er gut durchgekühlt ist, den Speck in der gewünschten Dicke in Scheiben schneiden und wie gewöhnlichen Speck weiterverarbeiten.

7 Zur Aufbewahrung den Pastrami-Speck vakuumieren oder in einen Frischhaltebeutel geben. Man kann ihn bis zu 1 Woche im Kühlschrank lagern, tiefgekühlt hält er sich ewig.

Vorbereitung
15 Minuten, plus über Nacht marinieren

Garzeit
30 Minuten

Ergibt
6–8 Portionen

Brasilianische Picanha Churrasco-Style

Brasilianische Steakhäuser sind teuer. Der ganze Schotter für ein paar Scheibchen Rindfleisch, die mit ein bisschen Salz und Pfeffer gewürzt werden und vielleicht gibt's dazu noch ein kleines Extra. Vertraut lieber mir und auf das hier.

8 Knoblauchzehen, geschält

125 ml Pflanzenöl

2½ EL (45 g) Salz

1 EL (4 g) frisch gemahlener schwarzer Pfeffer

1,5–1,8 kg Picanha (Hüftdeckel vom Rind samt Fettauflage)

1 Den Knoblauch in einem kleinen Topf in dem Öl bei mittlerer Hitze garen, bis er weich und goldbraun ist. Vollständig abkühlen lassen, dann den Knoblauch mit dem Öl sowie Salz und Pfeffer in den Mixer geben und pürieren, bis die Mischung glatt ist.

2 Das Fleisch mit der Fettauflage nach oben auf ein Schneidebrett legen und in knapp 4 cm dicke Steaks schneiden. (Die Fettauflage nicht entfernen.) Das Fleisch mit dem Knoblauchöl einreiben, dann in einen Plastikbeutel stecken. Fest verschließen und über Nacht im Kühlschrank marinieren.

3 Sobald ihr startbereit seid, einen Holzkohle- oder Gasgrill vorbereiten. Einen Bereich auf mittlere bis starke Hitze vorheizen, einen Bereich auf schwache Hitze.

4 Die Steaks auf große Edelstahlspieße stecken und dabei wie ein C zusammenschieben, sodass die Fettauflage nach außen zeigt und sich die Enden an der gegenüberliegenden Seite treffen. Das größte Steak jeweils an ein Spießende schieben und die kleineren ans andere Ende. (Ich bestücke meine Spieße gewöhnlich mit zwei bis drei Steaks.) Die Steaks anschließend mit Küchenpapier trocken tupfen.

5 Sind die Spieße lang genug, könnt ihr sie auf dem Rand des Grills ablegen, sodass das Fleisch nicht direkt auf dem Rost aufliegt. Das Fleisch 20–25 Minuten grillen, die größeren Stücke bei mittlerer bis starker Hitze, die kleineren bei schwächerer Hitze, und alle 5 Minuten umdrehen, bis das Fleisch kräftig gebräunt ist und eine Kerntemperatur von 55 °C erreicht hat. (Sind die Spieße nicht lang genug, könnt ihr sie auch direkt auf den Rost legen. Das ist zwar nicht die traditionelle Methode, aber dann geht es eben nicht anders.)

6 Sobald die Steaks die gewünschte Kerntemperatur erreicht haben, die Spieße auf ein Brett legen und 7 Minuten ruhen lassen. Das Fleisch von den Spießen direkt auf die Teller herunterschneiden und mit Beilagen eurer Wahl servieren.

Vorbereitung
48 Stunden

Garzeit
1 Stunde

Ergibt
4–5 Portionen

Hausgemachtes Roastbeef

Roastbeef gehört zu den Dingen, die man wenigstens einmal zu Hause ausprobiert haben sollte, damit man begreift, dass es nur ein einfacher Rinderbraten ist, der in hauchdünne Scheiben geschnitten wird. Ja, so ist das. Und jetzt seid ihr dran.

- 1,4–1,6 kg Roastbeef (Zwischenrippenstück)
- 2 EL (30 g) Salz, plus mehr für das Fleisch
- 3½ EL (40 g) weicher Rindertalg
- 1 EL (15 g) Dijonsenf
- 2½ TL (6 g) frisch gemahlener schwarzer Pfeffer, plus Pfeffer nach Geschmack
- 1 EL (3 g) fein gehackter Rosmarin
- 3 Knoblauchzehen, fein gehackt
- 1 EL (7 g) geräuchertes Paprikapulver
- 1 TL (3 g) Cayennepfeffer
- 1 TL (4 g) Zwiebelpulver

1 Das Roastbeef rundherum großzügig mit Salz würzen. Über einem Blech auf ein Gitter legen und unbedeckt über Nacht in den Kühlschrank stellen.

2 Den Backofen auf maximaler Stufe vorheizen, ideal sind 260 °C.

3 In einer kleinen Schüssel 2 EL (30 g) Salz mit Rindertalg, Senf, Pfeffer, Rosmarin, Knoblauch, Paprikapulver, Cayennepfeffer und Zwiebelpulver gut vermengen. Das Roastbeef rundherum gleichmäßig damit einreiben.

4 Das Blech mit Alufolie auslegen und das Gitter samt Braten daraufsetzen.

5 Sobald der Ofen heiß ist, das Roastbeef hineinschieben und 15 Minuten braten. Anschließend die Temperatur auf 150 °C reduzieren und das Fleisch weitere 35–45 Minuten garen, bis ein Fleischthermometer eine Kerntemperatur von 55 °C anzeigt. Das Roastbeef aus dem Ofen nehmen und vollständig abkühlen lassen. In Frischhaltefolie wickeln und über Nacht in den Kühlschrank stellen.

6 Das Roastbeef aus der Folie wickeln und im kalten Zustand in dünne Scheiben schneiden. Eine Aufschnittmaschine erledigt den Job am besten, wer keine hat, greift einfach zu einem sehr großen, scharfen Messer und schneidet das Fleisch möglichst dünn von Hand.

7 Das Roastbeef wie sein Vorbild aus dem Feinkostladen genießen – nur dass es besser schmeckt.

ANMERKUNG: *Das Roastbeef sollte möglichst kräftig marmoriert sein, das heißt von Topqualität sein. Es darf sogar von einer edlen Rasse wie dem Wagyu-Rind stammen.*

Vorbereitung
20 Minuten, plus 8 Stunden kühlen

Garzeit
2 Stunden

Ergibt
2 Portionen

Ein richtig fettes Schweinekotelett

Genau das, was der Name verspricht: ein richtig fettes Schweinekotelett. Und sein Geschmack kommt vielleicht sogar noch fetter als sein Fett.

2 doppelte Schweinekoteletts (à 800–900 g)

Scharfe Chili-Crisp-Butter

225 g weiche Butter
3½ EL (53 g) Chili-Crisp (scharfes Würzöl)
3 Knoblauchzehen, fein gehackt
1 EL (20 g) Misopaste
2 Frühlingszwiebeln, ganz fein geschnitten

Lake

2,8 l kaltes Wasser
220 g Salz
315 g brauner Zucker
1 EL (10 g) schwarze Pfefferkörner
2 Lorbeerblätter
1 EL (5 g) Korianderkörner
1 EL (5 g) Fenchelsamen

JW-Kotelettgewürz

1 EL (16 g) Salz
2 TL (10 g) Zucker
1 EL (4 g) getrockneter Salbei
1 TL (2 g) gemahlene Fenchelsamen
1 EL (10 g) geräuchertes Paprikapulver
2 TL (6 g) frisch gemahlener schwarzer Pfeffer
½ TL (2 g) Natriumglutamat (nach Belieben)

1 Sämtliche Zutaten für die Chili-Crisp-Butter in eine Schüssel geben und mit dem elektrischen Handrührgerät gründlich aufschlagen, bis die Masse homogen ist.

2 Die Butter in ein 25 cm langes Stück Frischhaltefolie einschlagen und zu einer langen Rolle formen. Die Enden der Folie dabei verdrehen, sodass die Masse unter Spannung steht und sich zu einem gleichmäßigen zylindrischen Block formt. In den Kühlschrank legen, am besten über Nacht, bis sich die Butter verfestigt hat.

3 Sämtliche Zutaten für die Lake in einem großen Topf bei mittlerer Temperatur erhitzen und dabei ständig rühren, bis sich das Salz aufgelöst hat. Die Lake vollständig abkühlen lassen, dann die Schweinekoteletts hineinlegen und 6–8 Stunden oder über Nacht in den Kühlschrank stellen.

4 Einen Smoker auf 120 °C vorheizen (oder den Backofen).

5 Sämtliche Zutaten für das JW-Kotelettgewürz vermengen. Die Koteletts aus der Lake nehmen, mit Küchenpapier sorgfältig trocknen und mit der Gewürzmischung bestreuen.

6 Die Koteletts in den Smoker legen (oder auf einem mit Alufolie bedeckten Blech in den Ofen schieben). Die Koteletts 1½–2 Stunden im Rauch (oder im Ofen) garen, bis sie eine Kerntemperatur von 60 °C erreicht haben. Aus dem Smoker oder dem Ofen nehmen, locker mit Alufolie bedecken und 10 Minuten ruhen lassen.

7 Inzwischen die Chili-Crisp-Butter aus dem Kühlschrank nehmen und in 7 mm dicke Scheiben schneiden.

8 Einen Grill oder eine große Pfanne bei mittlerer bis hoher Temperatur vorheizen. (Bei Verwendung einer Pfanne den Boden mit ausreichend Öl bedecken.) Sobald der Grill oder die Pfanne heiß ist, die Schweinekoteletts darauf- oder hineinlegen und von jeder Seite 2 Minuten braten, anschließend die Ränder 2 Minuten braten, bis das Fleisch rundherum kräftig gebräunt ist.

9 Die Koteletts sofort servieren und mit Chili-Crisp-Butter genießen.

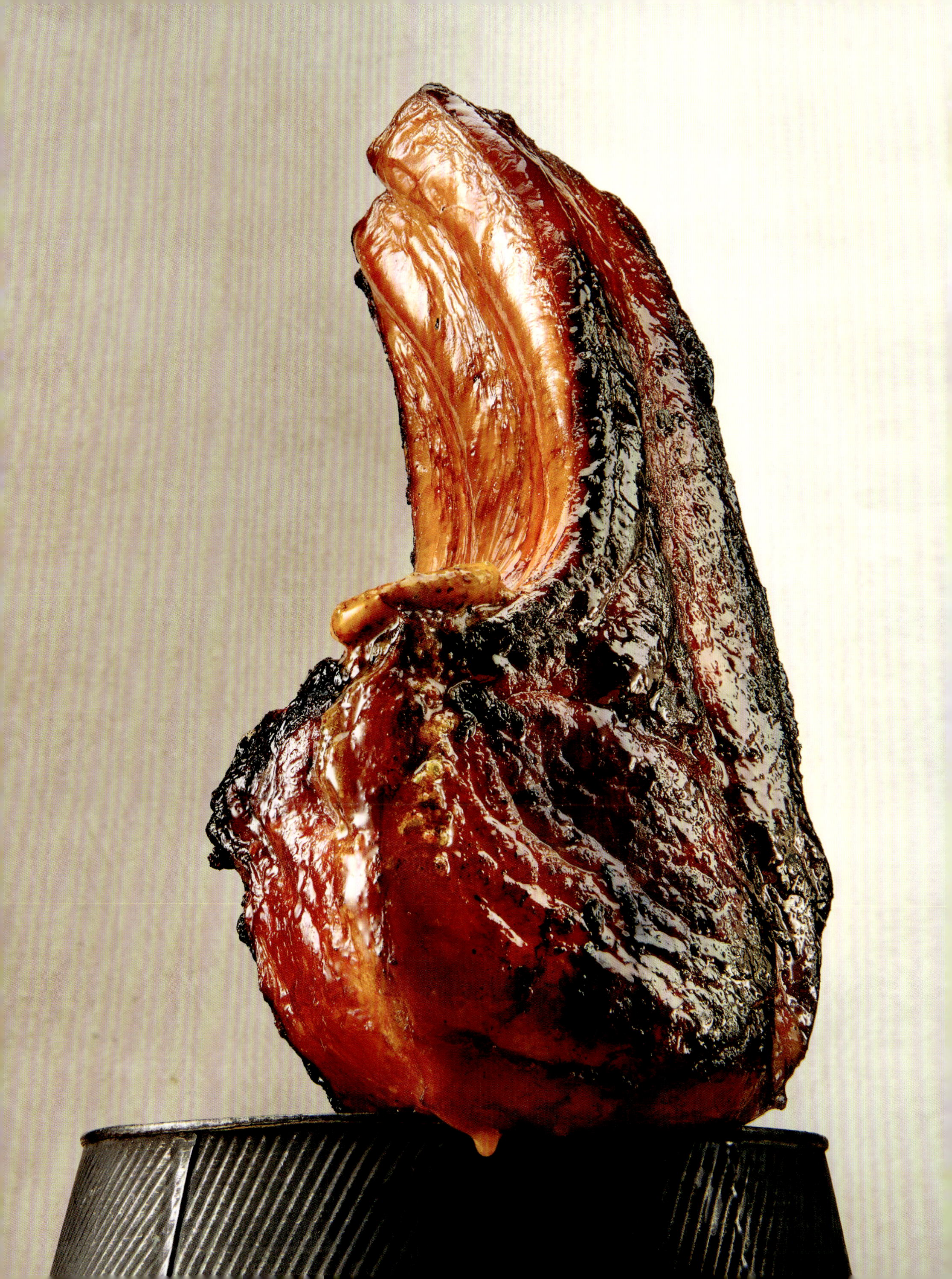

Vorbereitung
10 Minuten

Garzeit
16 Minuten

Ergibt
2 Portionen

Jjolmyeon

Diese koreanischen Nudeln werden besonders für ihren Chew gerühmt. Doch wie bei allen Texturen in diesem Buch ist es nicht das Kaugefühl allein, das den Genuss ausmacht, es ist das Zusammenspiel sämtlicher Texturen, die am Werk sind, um den Gesamteindruck zu prägen.

Sauce

- 1 EL (20 g) Gochugaru (koreanische Chiliflocken)
- 3½ EL (70 g) Gochujang (koreanische Würzpaste)
- 2 EL (35 g) Zucker
- 2½ EL (38 ml) Branntweinessig
- 4 Knoblauchzehen, fein gehackt
- 2 TL (10 ml) geröstetes Sesamöl

Nudeln

- 1½ TL (9 g) Salz, plus Salz nach Geschmack
- 170 g Bohnensprossen
- 450 g Jjolmyeon-Nudeln
- 1 großes Ei
- 3 Weißkohlblätter, in ganz dünne Streifen geschnitten
- 1–2 große Karotten, in ganz feine Streifen geschnitten
- ½ Gurke, entkernt und in ganz feine Streifen geschnitten
- 1 Frühlingszwiebel, ganz fein geschnitten
- 2 TL (6 g) gerösteter schwarzer Sesam
- 1 Nori-Blatt, in feine Streifen geschnitten

1 Sämtliche Zutaten für die Sauce in einer Schüssel sorgfältig verrühren, bis die Mischung homogen ist.

2 In einem kleinen Topf 500 ml Wasser mit dem Salz bei mittlerer bis starker Hitze zum Kochen bringen. Die Bohnensprossen hineingeben, 3–5 Minuten blanchieren, dann in einem Sieb gut abtropfen lassen. (Häufig wird das Blanchierwasser als Brühe zu den Nudeln gereicht. In diesem Fall fischt ihr die Sprossen mit einer Schaumkelle heraus und legt sie zum Abtropfen in das Sieb.)

3 Einen großen Topf (5–6 Liter) mit knapp 3 Liter Wasser füllen. Das Wasser salzen und bei mittlerer bis starker Hitze zum Kochen bringen. Die Jjolmyeon-Nudeln hineingeben und 5 Minuten garen, sodass sie noch Biss haben. Ab und zu umrühren. Die Nudeln in ein Sieb abgießen und sorgfältig unter fließendem Wasser kalt abschrecken. Beiseitestellen.

4 Eine kleine Schüssel mit Eiswasser bereitstellen. In einem Topf Wasser zum Kochen bringen und das Ei darin 6 Minuten garen. Mit einem Schaumlöffel herausnehmen und in dem Eiswasser kalt abschrecken. (Wenn ihr schon dabei seid, könnt ihr gleich ein paar mehr Eier kochen und für andere Gerichte im Kühlschrank aufbewahren.) Das Ei lauwarm abkühlen lassen und unter fließendem Wasser schälen.

5 Die Nudeln, die Sojasprossen sowie je zwei Drittel der Kohl-, Karotten- und Gurkenstreifen in eine große Schüssel geben. Die Sauce hinzufügen und sorgfältig durchheben, bis die Zutaten gut durchmischt und mit Sauce überzogen sind. Bei Bedarf mit weiterem Salz abschmecken.

6 Die Nudeln und ihr Gemüse auf zwei Schalen verteilen und mit den restlichen Gemüsestreifen garnieren. Mit Frühlingszwiebel, Sesam und Nori bestreuen und jede Portion mit einem halben Ei krönen.

Vorbereitung
30 Minuten

Garzeit
1 Stunde 15 Minuten

Ergibt
4 Portionen

Bubble-Tee
mit braunem Zucker

Die haben es tatsächlich hingekriegt, einem Getränk Biss zu verleihen. Natürlich gehört es in dieses Kapitel. Danke dafür, Taiwan.

Bubble-Perlen
85 ml Wasser
65 g hellbrauner Rohrohrzucker
160 g Tapiokastärke, plus mehr zum Verarbeiten

Brauner Zuckersirup
100 ml Wasser
230 g hellbrauner Rohrohrzucker
1 EL (21 g) Melasse

Milchtee
1 l Vollmilch
3 EL (15 g) schwarzer Tee

Für die Bubble-Perlen

1 In einem kleinen Topf das Wasser mit dem Zucker vermengen und bei mittlerer bis starker Hitze zum Kochen bringen. Die Hitze auf niedrige Stufe reduzieren, 80 g Tapiokastärke zugeben und mit einem Schneebesen 6–8 Sekunden schlagen. Den Herd ausschalten und die restliche Stärke einarbeiten. Anschließend mit einem Kochlöffel weiterrühren, bis sich die Masse zu einem Teig verbindet. Den Teig auf die mit etwas Tapiokastärke bestreute Arbeitsfläche geben und 2 Minuten geschmeidig kneten.

2 Den Teig mit einem Messer oder einem Teigschaber rasch in vier gleich große Stücke schneiden, diese zu etwa 1,3 cm dicken Strängen formen und anschließend in 1,3 cm große Würfel schneiden. Die Würfel zu Kugeln rollen, in eine mit etwas Stärke ausgestreute Schüssel geben und in der Stärke wenden.

3 Sind alle Kugeln in der Schüssel, diese noch einmal in der Stärke wenden, bis sie rundherum gut bedeckt sind; anschließend die überschüssige Stärke in einem feinen Sieb behutsam abschütteln.

4 Die Bubble-Perlen vollständig abkühlen lassen. Danach könnt ihr sie in einem fest verschlossenen Behälter im Kühlschrank einige Tage lagern oder bis zu 6 Monate einfrieren.

Für den braunen Zuckersirup

1 In einem kleinen Topf das Wasser mit dem Zucker vermengen und bei mittlerer Temperatur erhitzen, bis sich der Zucker aufgelöst hat und der Sirup Blasen wirft. Dann die Hitze auf mittlere bis hohe Stufe erhöhen.

2 Sobald der Sirup etwas eingekocht ist und sich vereinzelt große Blasen zu bilden beginnen, die Konsistenz prüfen. Dazu einen kleinen Klecks Sirup auf einen gekühlten Teller geben und 15–20 Sekunden abkühlen lassen. Anschließend zwischen den Fingern reiben; ist die Mischung von sirupartiger Konsistenz, die Melasse unterrühren.

Für den Milchtee

1 Zum Garen der Bubble-Perlen in einem mittelgroßen Topf Wasser zum Kochen bringen. Die Perlen hineingeben und 30 Minuten garen. Dann den Topf vom Herd nehmen und die Perlen weitere 25 Minuten in dem Wasser ziehen lassen.

2 Die Milch in einem mittelgroßen Topf bei mittlerer Temperatur auf 75 °C erhitzen. Sofort vom Herd nehmen, den schwarzen Tee hineingeben und je nach gewünschter Stärke 4–8 Minuten ziehen lassen.

3 Den Tee durch ein feines Sieb in eine Schüssel abseihen. Zum Abkühlen die Schüssel entweder in ein Eisbad stellen und den Tee kaltrühren oder den Tee in den Kühlschrank stellen.

4 Zum Servieren die Gläser mit der gewünschten Menge Bubble-Perlen füllen und einige Löffel braunen Zuckersirup hineingeben. Ein paar Eiswürfel hinzufügen, mit dem Milchtee auffüllen und gegebenenfalls mit weiterem Zuckersirup abschmecken, bis der Tee die gewünschte Süße hat. Mit einem extradicken Trinkhalm servieren.

Vorbereitung
20 Minuten

Garzeit
15–17 Minuten

Ergibt
8 Cookies

Kolossale Baseball-Cookies

Diese Cookies haben buchstäblich die Größe eines Baseballs. Sie sind zwar weder als Spielgerät noch als Mundvorrat beim Baseball gedacht, doch nichts hindert euch daran, sie wie auch immer zu genießen. Macht doch, was ihr wollt!

- 335 g nicht zu feste Butter
- 185 g brauner Zucker
- 150 g Zucker
- 2 große Eier
- 1 Eigelb
- 475 g Mehl Type 405
- 2 EL (20 g) Speisestärke
- ¾ TL (4 g) Backnatron
- 1 TL (5 g) feines Meersalz
- 450 g Schokolade, grob gehackt (siehe **Anmerkung**)
- 240 g grob gehackte Pekannusskerne

1 Den Backofen auf 190 °C vorheizen. Zwei Backbleche mit Backpapier auslegen und leicht mit Backspray einsprühen.

2 Die Butter und beide Zuckersorten in eine große Schüssel geben und mit dem elektrischen Handrührgerät 2–3 Minuten cremig rühren. Die Eier einzeln sorgfältig einarbeiten und zuletzt das Eigelb unterrühren.

3 In einer weiteren großen Schüssel das Mehl mit Speisestärke, Natron und Salz gründlich vermengen. Die Mehlmischung unter die cremige Butter rühren, bis alles eben vermengt ist, zuletzt die gehackte Schokolade und die Pekannüsse unterziehen.

4 Den Teig in acht gleich große Stück teilen und zu Kugeln von je 200–230 g rollen. (Ja, ganz schön groß.) Die Riesen-Cookies auf die vorbereiteten Bleche verteilen und im Ofen 15–17 Minuten backen, bis sie goldbraun und eben fest sind. Aus dem Ofen nehmen, 10 Minuten abkühlen lassen und genießen!

ANMERKUNG: *Ich verwende für dieses Rezept eine Mischung aus Bitterschokolade und Halbbitter- oder Vollmilchschokolade im Verhältnis 1:1. So erhält man das Beste aus beiden Welten. Spart aber auf keinen Fall an der Qualität und wählt Schokolade von einem Süßegrad, der euch zusagt.*

Vorbereitung
10 Minuten

Garzeit
25–30 Minuten

Ergibt
9 Brownies

Chewy Fudge-Brownies

Was auch immer passiert, sichert euch die Eckstücke. Ohne Ausnahme.

200 g Zucker
50 g brauner Zucker
6½ EL (92 g) Butter, zerlassen
2 große Eier
1 Eigelb
2 TL (10 ml) Vanilleextrakt
60 ml Pflanzenöl
½ TL (3 g) feines Meersalz
1 Msp (1 g) Backnatron
1¼ EL (12 g) Speisestärke
60 g Mehl
75 g ungesüßtes Kakaopulver
115 g Halbbitterschokolade, grob gehackt

1 Den Backofen auf 180 °C vorheizen. Eine Backform (20,5 × 20,5 cm) leicht mit Backspray einsprühen. Ist sie nicht beschichtet, die Form mit Backpapier auslegen.

2 In einer mittelgroßen Schüssel beide Zuckersorten und die zerlassene Butter verrühren. Die Eier, das Eigelb, den Vanilleextrakt und das Pflanzenöl zugeben und alles sorgfältig miteinander vermengen.

3 Meersalz, Backnatron und Speisestärke unter die Masse rühren. Das Mehl und das Kakaopulver hineingeben und sorgfältig einarbeiten, bis der Teig homogen ist. Gleichmäßig die Schokolade unterziehen.

4 Den Teig in die vorbereitete Form füllen und mit einem Spatel gleichmäßig bis in die Ecken verstreichen. Den Fudge-Brownie im Ofen 25–30 Minuten backen. Zur Garprobe den Kuchen in der Mitte mit einem Holzspieß einstechen. Er sollte sauber wieder herauskommen.

5 Den Brownie aus dem Ofen nehmen und vor dem Schneiden und Servieren vollständig abkühlen lassen.

Vorbereitung
5 Minuten

Garzeit
1 Stunde, plus 4 Stunden abkühlen

Ergibt
etwa 40 Bonbons

Geräucherte Salzkaramellbonbons

Ihr braucht diese Bonbons nicht unbedingt zu räuchern – nur wenn ihr Lust dazu habt. Chewy sind sie so oder so, und sie gehören zu den einfachsten Bonbons, die euch je unterkommen werden. Ich wette, ihr schafft das.

- 6 EL (84 g) Butter
- 125 g Schlagsahne
- 3 ½ EL (50 ml) Wasser
- ½ TL (3 g) Vanillepaste oder ½ TL (3 ml) Vanilleextrakt
- 60 ml heller Maissirup
- 200 g Zucker
- ¼ TL (1 g) feines Meersalz
- Meersalzflocken zum Bestreuen

1 Eine Kastenform (23 × 13 cm) leicht mit Backspray einsprühen. Die Form mit Backpapier auskleiden, sodass der Boden und die beiden langen Seiten mit etwas Überhang bedeckt sind.

2 Die Butter und die Sahne in einen kleinen Topf geben und bei niedriger Temperatur behutsam erhitzen, bis die Butter geschmolzen ist. Beiseitestellen.

3 In einem mittelgroßen Topf das Wasser, die Vanillepaste (oder den Extrakt) sowie Maissirup, Zucker und Meersalz verrühren und ein Zuckerthermometer einsetzen. Die Mischung bei mittlerer bis starker Hitze zum Kochen bringen, anschließend die Hitze auf mittlere Stufe herunterstellen. (Den Sirup in dieser Phase nicht umrühren.)

4 Sobald der Sirup eine Temperatur von 160 °C erreicht hat, langsam unter ständigem Rühren die Sahne-Butter-Mischung zugießen. Den Karamell unter Rühren kochen, bis er wieder eine Temperatur von 115 °C erreicht hat. Vom Herd nehmen und in die vorbereitete Form gießen.

5 Die Bonbonmasse 15 Minuten abkühlen lassen und anschließend mit Meersalzflocken bestreuen. Anschließend weitere 3½ Stunden erkalten lassen, bis die Masse fest und schnittfähig ist.

6 Während die Bonbonmasse abkühlt, einen Smoker zum Kalträuchern oder eine Räucherpistole mit den gewünschten Holzspänen vorbereiten. Die Form mit Alufolie zudecken und den Rauch einführen. Wenn die Form mit Rauch gefüllt ist, die Folie verschließen und die Bonbonmasse 15 Minuten räuchern. Diesen Vorgang noch einmal wiederholen, dann die Folie entfernen und die Masse vollständig abkühlen lassen.

7 Die abgekühlte Bonbonmasse in mundgerechte Quadrate, Rechtecke, Stangen, Kreise oder was auch immer schneiden. Meinetwegen auch in Sterne, Hauptsache, sie schmecken euch. Die Bonbons jedoch nach dem Schneiden in Wachspapier wickeln, damit sie nicht aneinanderkleben. Fest verschlossen in einer Frischhaltebox verstaut, halten sie sich 2–4 Tage.

Cortado-Sandwicheis

Vorbereitung
55 Minuten

Garzeit
30 Minuten

Ergibt
20 Sandwiches

Stellt euch einen Cappuccino oder einen Cortado vor, macht in Gedanken Eiscreme daraus und packt sie in ein Cookie-Sandwich. Genau das passiert hier. Und wenn ihr ganz unerschrocken seid, könnt ihr die Cookies durch die Kolossalen Baseball-Cookies auf Seite 105 ersetzen, aber beschwert euch nicht, wenn die Polizei vor der Tür steht.

Cortado-Eiscreme
- 300 ml Vollmilch
- 500 g Schlagsahne
- 5 Eigelb
- ½ TL (3 g) Salz
- 250 g Zucker
- 3 EL (18 g) dunkel geröstete Kaffeebohnen, grob gemahlen
- 1 TL (5 ml) Vanilleextrakt

Cookies
- 225 g weiche Butter
- 250 g Zucker
- 2 große Eier
- 1 Eigelb
- 2½ TL (13 ml) Vanilleextrakt
- 420 g Mehl
- 1 TL (5 g) Backnatron
- 1 TL (5 g) feines Meersalz
- 1½ TL (5 g) Weinstein

Zimtzucker
- 100 g Zucker
- 1 EL (8g) gemahlener Zimt

Für die Cortado-Eiscreme

1 Eine große Schüssel mit Eiswasser bereitstellen. Eine zweite, etwas kleinere Schüssel einsetzen – achtgeben, dass kein Wasser hineingerät – und ein feines Sieb darauf platzieren.

2 Die Milch und die Hälfte der Schlagsahne in einen mittelgroßen Topf gießen und bei niedriger bis mittlerer Temperatur erhitzen. Ab und zu umrühren.

3 Inzwischen in einer hitzebeständigen Schüssel Eigelb, Salz und Zucker schaumig schlagen.

4 Sobald die Milchmischung dampfend heiß ist, jedoch nicht kocht, etwa 60 ml abschöpfen und unter den Eigelbschaum schlagen. Diesen Vorgang noch ein- bis zweimal wiederholen, bis die Eigelbcreme heiß ist.

5 Die heiße Eigelbcreme in die verbliebene Milchmischung gießen und den grob gemahlenen Kaffee zugeben. Bei schwacher bis mittlere Hitze weiter beständig rühren, jedoch darauf achten, dass die Mischung nicht siedet. Sie soll lediglich dampfend heiß sein, während ihr weitere 10–15 Minuten rührt, bis die Creme dicklich wird und den Rücken des Kochlöffels überzieht.

6 Die Creme durch das feine Sieb in die Schüssel im Eisbad passieren. Das Sieb entfernen und die Creme etwa 5 Minuten kaltrühren.

7 Die restliche Schlagsahne und den Vanilleextrakt unter die Masse rühren. Die kalte Eismasse in eine Eismaschine füllen und nach der Bedienungsanleitung gefrieren. Das Eis anschließend in einen geeigneten Behälter füllen und bis zur Verwendung im Tiefkühlfach lagern.

Für die Cookies

1 Den Backofen auf 180 °C vorheizen. Zwei Backbleche mit Backpapier auslegen.

2 Die Butter und den Zucker in einer mittelgroßen Schüssel mit dem elektrischen Handrührgerät hellgelb und schaumig schlagen. Einzeln die Eier einarbeiten, dann das Eigelb und den Vanilleextrakt unterrühren.

3 In einer weiteren mittelgroßen Schüssel Mehl, Backnatron, Salz und Weinstein gründlich vermengen. Die Mehlmischung in drei Portionen in die cremige Buttermischung geben und nach jeder Zugabe sorgfältig unterziehen, bis sämtliches Mehl eingearbeitet und der Teig homogen ist.

4 Zucker und Zimt in einer kleinen Schüssel vermengen.

5 Aus dem Cookie-Teig kleine Bällchen von 2,5 cm Durchmesser formen, rundherum in dem Zimtzucker rollen und auf die vorbereiteten Bleche verteilen. Zwischen den Cookies mindestens 4 cm Abstand lassen. Die Cookies im Ofen 9–11 Minuten backen, bis sie eben fest sind. Auf einem Gitter vollständig abkühlen lassen.

Das Sandwicheis fertigstellen

1 Zum Servieren sollte das Eis ausreichend fest sein. Mit einem Eisportionierer eine große Kugel Eis ausstechen und auf die Unterseite eines Cookies geben. Einen zweiten Cookie mit der Unterseite daraufsetzen und andrücken.

2 Das Sandwicheis sofort genießen oder gleich das ganze Eis zu Sandwiches verarbeiten, diese fest in Frischhaltefolie einwickeln und bis zu 1 Monat einfrieren. Oder bis das Verlangen nach einem eiscremegefüllten Cookie-Sandwich übergroß wird.

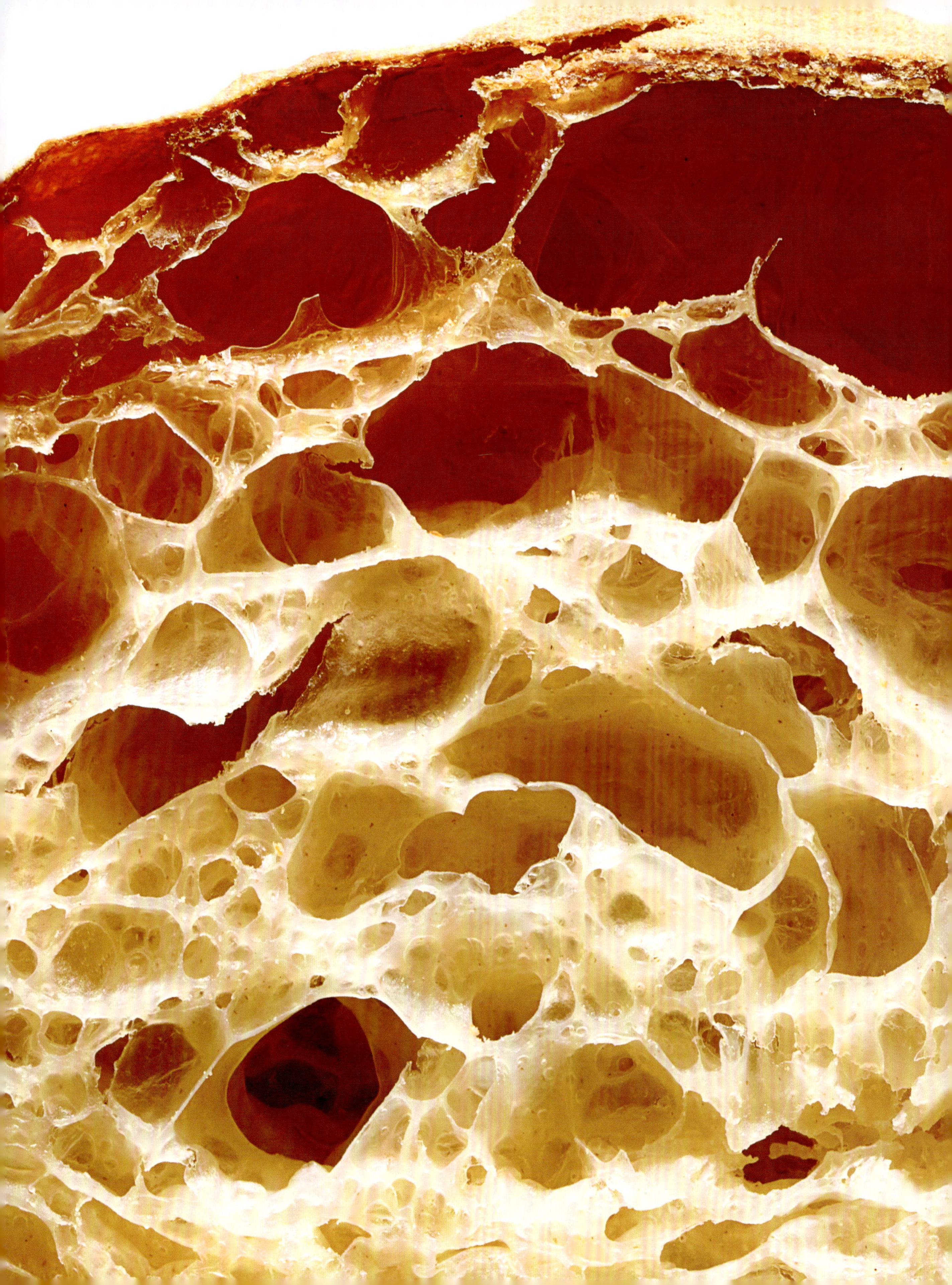

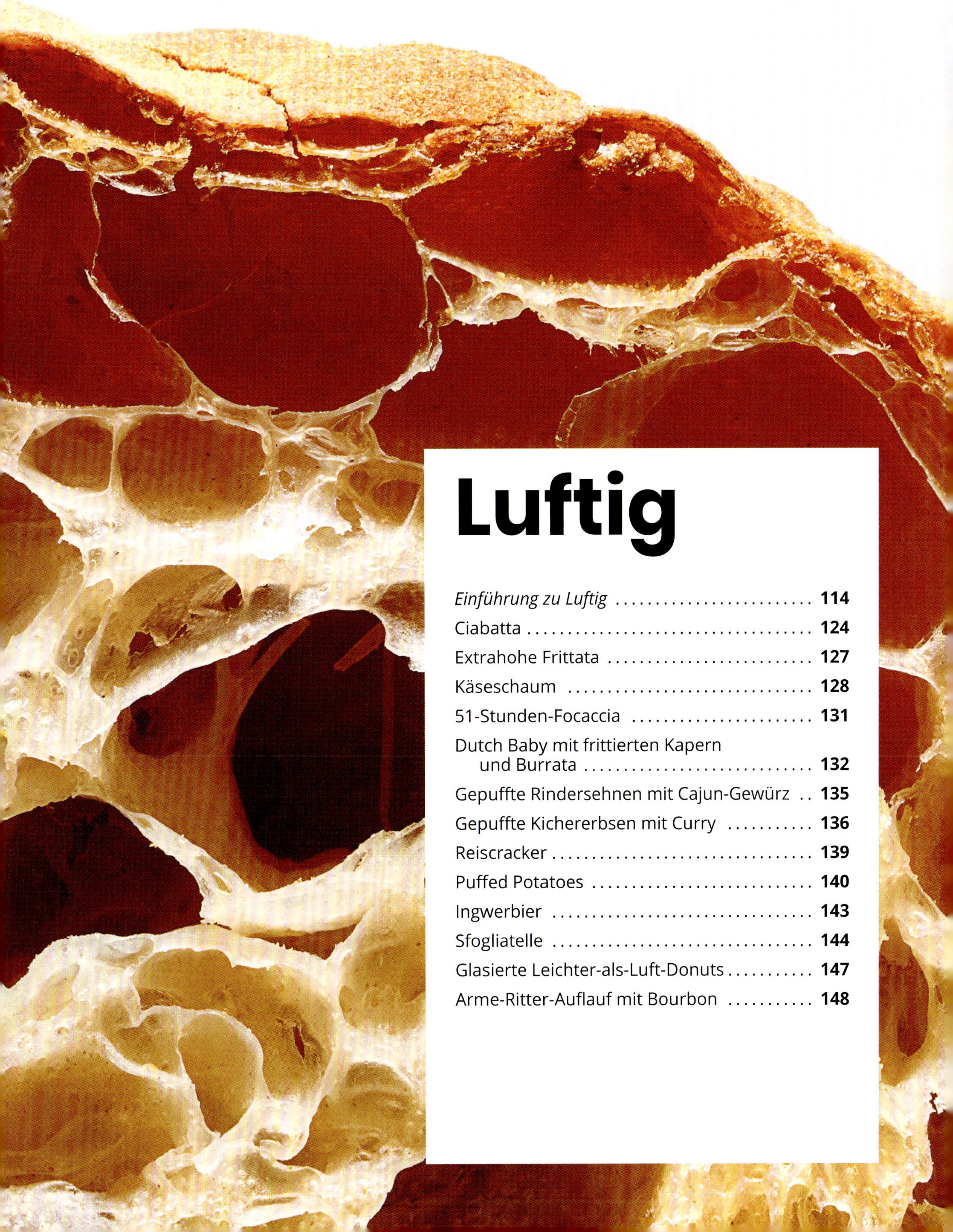

Luftig

Was eigentlich ist Luft?

Ich will mich nicht zum Poeten aufschwingen oder aufs hohe Ross setzen, doch der Begriff Luft wird häufig als Umschreibung für das Nichts oder für den Mangel an etwas verwendet. Luft ist unsichtbar, geschmacklos und nicht greifbar. Wenn etwas spurlos verschwindet, »löst es sich in Luft auf«. Und sobald da nur noch Luft ist, herrscht praktisch das blanke Nichts. Ende der Geschichte. Doch paradoxerweise impliziert »sich in Luft auflösen«, dass die Luft eine Lücke füllt, also quasi an die Stelle des verschwundenen Objekts tritt. Wie Wasser. Ist da ein Fels vor der Schlucht, versperrt er dem Wasser den Zugang. Sobald man ihn entfernt, bahnt sich das Wasser seinen Weg. Und wie war das noch mit dem halb vollen oder halb leeren Glas? Ein Wissenschaftler, der das liest, mag denken: *Auweia, um Joshs Intelligenz scheint es noch dürftiger bestellt zu sein, als ich vermutet hätte.* Aber ich will kein wissenschaftliches Statement abgeben, sondern nur wie ein ganz gewöhnlicher Mensch ein paar Gedanken darüber anstellen, wie wir Luft wahrnehmen.

In unserem täglichen Leben ist Luft etwas Selbstverständliches. Vom Umstand, dass sie lebensnotwendig ist, mal abgesehen, hat sie keine große Bedeutung für uns, es sei denn, es ist ein besonders stürmischer Tag, und wir sind nicht angemessen gekleidet, schon klar. Wir sind beschäftigt, und unsere Aufmerksamkeit ist auf die Dinge gerichtet, die als Nächstes anstehen. Was wir übersehen, ist, dass die Gegenwart von Luft sehr wohl einen genaueren Blick lohnt. Ohne die nötige Luft wären einige der beliebtesten Speisen der Welt so gut wie ungenießbar. Luft ist nämlich weit mehr als ein Füllstoff der Leere oder der Sauerstoff, den wir atmen. Luft ist essenziell, um Backwaren, Saucen, Krusten und vieles mehr hervorzubringen.

KEINE ANSPIELUNG AUF EINEN HORRORFILM.

Was bedeutet luftig?

Jede Speise oder Flüssigkeit, die man »belüftet«, also der man auf irgendeine Weise Luft einhaucht, ist luftig. Ja, so einfach ist das. Der Unterschied zwischen den verschiedenen Formen von Luftigkeit liegt in erster Linie darin, in welcher Weise die Luft da hineingeraten ist. (Sicher, man kann eine emulgierte Sauce mit dem Mund beatmen, doch gibt es effektivere Methoden.) Als einfachste Methode drängt sich der Griff zum Schneebesen auf, mit dem man einer Mischung durch energisches Schlagen Luft einverleibt, wie bei Schlagsahne oder bei Eischnee für Baisers. Der heiße, unter Druck entweichende Dampf aus der Aufschäumdüse einer Espressomaschine wiederum belüftet Milch und erzeugt den perfekten Mikroschaum, der sich beim ersten Schluck Cappuccino sanft auf die Lippen legt. Doch lässt sich auch über die Gasbildung eine luftig-lockere Textur erzielen. Stellt euch Hefeteig ohne die Hefe vor. Würde man den Burschen backen, wäre das Ergebnis so steinhart, dass man es glatt als tödliche Waffe einsetzen könnte. Gar nicht gut. Doch sobald Hefe hinzukommt, machen sich die winzigen Einzeller ans Werk und produzieren tonnenweise Gas, das sich beim Gehen und Backen überall im Teig in Form von fluffigen, kleinen Bläschen einlagert. Sie verleihen dem Brot nicht nur das nötige Volumen, sie identifizieren auch die Sorte. Eine duftende, großporige Ciabatta wäre einfach keine Ciabatta ohne diese in der gesamten Krume verstreuten, unglaublich großen, luftgefüllten Löcher. Erst diese fluffige, lockere Struktur macht das Produkt so einzigartig. Ohne sie landen wir schnurstracks wieder bei tödlichen Waffen.

Wir wenden also nicht nur einen potenziellen Anstieg brotbedingter Kapitalverbrechen ab, wir bringen gleichzeitig auch etwas Schmackhaftes hervor. Das nennt man Win-Win. Der Punkt ist, dass uns die Luft eine Art Klaviatur an die Hand gibt, auf der wir beliebig spielen können. Ein festes Gerüst ist wichtig, doch durch die Einarbeitung von mehr oder weniger Luft, die sich in der Beschaffenheit des Endprodukts niederschlägt, lässt sich steuern, wie locker oder fest der Biss sein wird. Es gibt jede Menge Restaurants und Gastrobetriebe, die sich ganz diesem Element verschrieben haben: *Mmhh, die haben die fluffigsten Brötchen der ganzen Stadt!* Schon mal so etwas in der Art gehört? Dann, weil man sich dort auf den Einsatz von Luft versteht.

LUFT SEI DANK. ♡

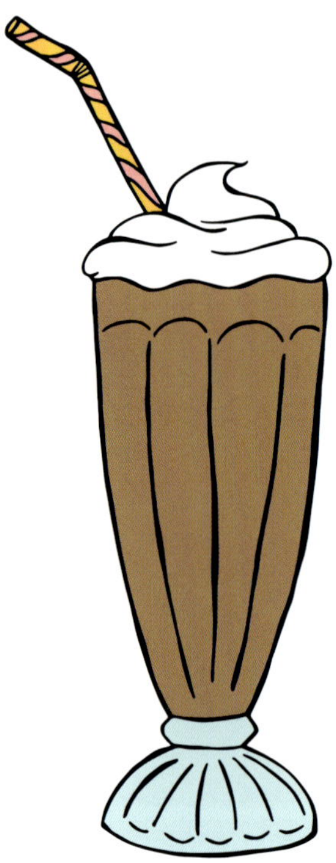

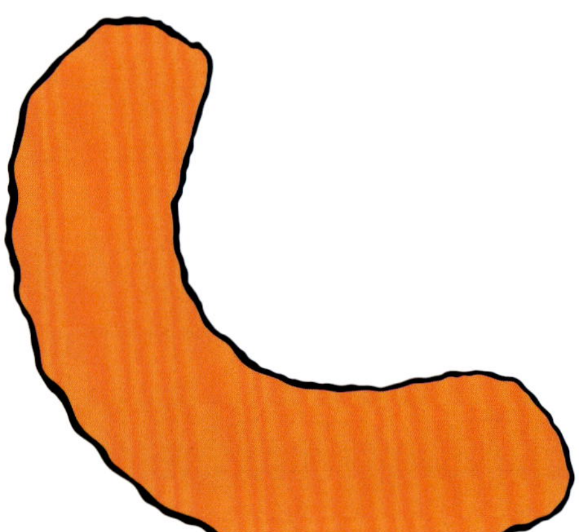

Wie beeinflusst Luft die Textur?

Luft hat Einfluss auf eine Vielzahl von Texturen, besonders in der Welt des knusprigen Crunchs. Ich könnte nun irgendein originelles Beispiel bemühen, um es zu veranschaulichen, ich nehme aber lieber eines aus dem amerikanischen Sortiment. Da wären diese Cheese Puffs oder Käseflips zum Beispiel, diese pummeligen, quietschorangen Bällchen, deren Farbe so nachhaltig an den Fingern haftet. Cheese Puffs enthalten jede Menge Luft, dennoch sind sie ziemlich knusprig. Ihr spezieller Crunch ergibt sich quasi direkt aus der luftig-lockeren Struktur. Um diese Textur zu erzeugen, werden Maismehl und anderes Getreide mit Wasser, Öl und vermutlich 300 weiteren Zutaten, die sich lesen wie der Beipackzettel eines Pharmaprodukts, vermischt. Der Teig wird nun unter hohem Druck extrudiert, wobei er sich durch das Einbringen von Luft schlagartig aufbläht, was schließlich jene lockere Struktur hervorbringt. Anschließend wird der Teig frittiert oder bei hoher Temperatur gebacken, wodurch die enthaltene Feuchtigkeit verdampft und sich die Luftbläschen weiter ausdehnen. Das Ergebnis heißt »Cheese Puff«.

In der Hochküche begegnet man dem Prinzip der »Belüftung« in vielfältiger Weise, doch zu meinen Favoriten zählen Schäume und gepuffte Zubereitungen. Ja, ja, da wird in der Community ständig gelästert. Viele machen sich darüber lustig, Schaum auf einen Teller zu klecksen. Stimmt, es wirkt ein bisschen extravagant, dazu bedient es das Klischee, dass jeder Koch, der etwas auf sich hält, irgendwann zur Siphon-Flasche greift. Als würden seine Hände ständig zitternd über einer Schale Xanthan kreisen, unfähig sich zu beherrschen, die Flasche mit seinen Lieblingsaromen zu füttern und loszuschäumen. Warum ich trotzdem auf diese Schäume stehe? Sie zwingen uns darüber nachzudenken, was Luft bewirkt. Eine der wichtigsten Lektionen, die ich beim Aufschäumen von Saucen gelernt habe, ist, wie man die Intensität des Geschmacks in den Griff kriegt. Als ich begann, mit dieser Technik zu experimentieren, fehlte es den Saucen zunächst deutlich an Geschmack. Woran lag das? Die Antwort lag auf der Hand. Der ursprüngliche Geschmack wurde durch das Aufschäumen gewissermaßen »vom Winde verweht« und verdünnt. So wäre deutlich mehr Sauce erforderlich gewesen, um geschmacklich mit der nicht aufgeschäumten Version gleichzuziehen. Darauf begannen wir, Saucen vor dem Aufschäumen leicht zu überwürzen und zu versalzen, sodass man beim Kosten der nicht aufgeschäumten Sauce durchaus das Gesicht verziehen würde. Diese Maßnahme versetzte uns in die Lage, etwas Federleichtes mit intensivem Geschmack auszustatten. Diese Kombination war für viele Gäste ein echtes Aha-Erlebnis. (Ich tue so, als hätten sie es bemerkt, aber den Spaß daran hatte wohl eher ich.)

Warum brauchen Speisen Luft?

Luftigkeit gehört zu den effektvollsten und wandlungsfähigsten Texturen in diesem Buch. Crunch kann schonungslos laut sein, doch Luft verleiht vielen Dingen die nötige Lockerheit und Zartheit. Nicht bei allem muss man es auf die Spitze treiben. Wir mögen fluffige Zubereitungen, weil sie auf besonders vielfältige Art Genuss spenden. Ihr könnt das Prinzip Belüftung also nicht nur dazu nutzen, bestimmte Speisen leichter zu machen, sondern auch, um eine der in der Küche am meisten verkannten Qualitäten gezielt zu steuern und erfahrbar zu machen. Vielleicht steht euch eine unvergessliche Erfahrung bevor.

Es geht nicht nur um die Textur, wenngleich sie zweifellos ein bedeutender Faktor ist. Ein bisschen Luft in der Küche kann auch den Geschmack eurer Zubereitungen intensivieren. Ich weiß, es steht im Widerspruch zu meinem Beispiel, wie Luft den Geschmack zerstreuen kann. Doch das Gegenteil ist der Fall, wenn die Speise kräftig genug gewürzt wird. Wenn man eine Sauce kräftig mit Salz würzt und dann zu einem verzweigten Netz winziger Luftbläschen aufschäumt, die die Aromaverbindungen in alle Windrichtungen verstreuen, so birgt jeder Bissen ein Maximum an Geschmack, der noch das entlegenste Geschmacksknöspchen erreicht. Also lassen wir im Mund Mutter Natur Regie führen.

Luft als Küchenzutat hat noch einen anderen, wenig diskutierten Nebeneffekt. Sie lässt Zubereitungen voluminöser und gehaltvoller erscheinen. Ob es nun beabsichtigt ist oder nicht, in jedem Fall könnt ihr das zu eurem Vorteil nutzen. Luft lässt sich gezielt einsetzen, um einem Gericht aus ästhetischen Gründen »Statur« zu verleihen oder es einfach nur interessanter zu machen. Wir essen zuerst mit den Augen, wenn ihr also schon mal die visuelle Umsetzung hinkriegt, seid ihr auf dem richtigen Weg.

Egal wie man sie einarbeitet, ob durch Schlagen, Quirlen, Schäumen oder was auch immer, Luft führt zu erstaunlichen Resultaten von wunderbar lockerer und zarter Beschaffenheit. Luft kann und wird definitiv die Textur eurer Gerichte verbessern. Wenn ihr Luft in eure Teige, Cremes und Konsorten einarbeitet, entstehen Millionen winziger Luftbläschen, die sich beim Erhitzen ausdehnen und dem Endprodukt jene fluffige, lockere und luftige Textur verleihen, die euch vor Behagen mit der Zunge schnalzen lässt. Stellt euch ein umwerfend luftiges, zart schmelzendes Soufflé oder ein knuspriges Baiserhäubchen vor. Malt es euch aus. (Träumt von mir aus auch vom perfekten Cheese Puff, wenn euch das eher liegt.)

SAHNE
SCHLAGSAHNE
MAKRONE OHNE EISCHNEE
MAKRONE MIT EISCHNEE
KOMPAKT UND HART
LOCKER UND LUFTIG

FORMEN DER BELÜFTUNG

AUF NATÜRLICHEM WEG DURCH AUFSCHLAGEN

Durch Schlagen mit einem Schnee- oder Schlagbesen mechanisch eingebrachte Luft.

Leicht, fluffig, locker, bauschartig

Oder durch Backtriebmittel – etwa durch handelsübliche Hefe, natürliche Hefen (Sauerteig) oder Backpulver.

BISKUITKUCHEN

GESCHLAGENE SAHNE ODER MOUSSE

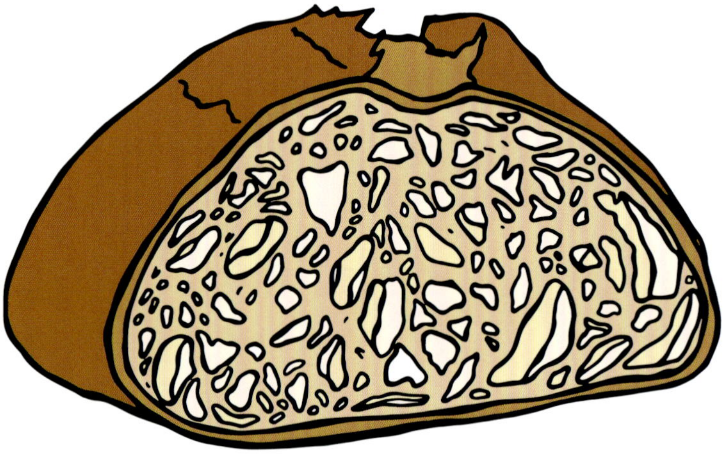

BROT

DURCH KÜNSTLICHE HILFSMITTEL UNTER DRUCK

Mittels Gasen wie Kohlendioxid oder Stickstoff unter Druck eingebrachte Luft.

Mikroschäume

CAPPUCCINO

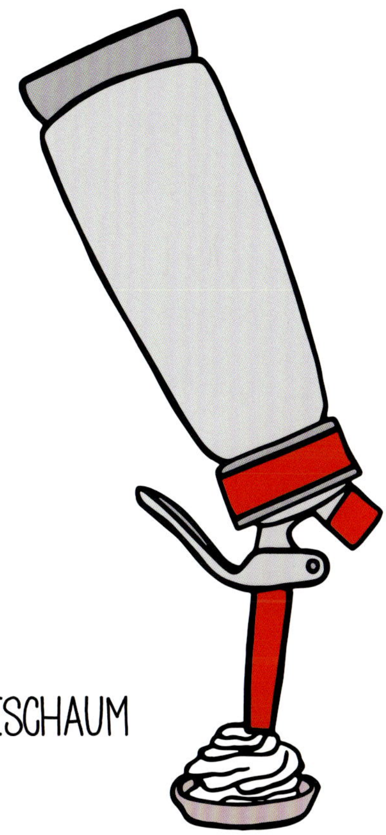

KÄSESCHAUM

NITRO COLD BREW

Vorbereitung
3 Stunden 10 Minuten, plus über Nacht gehen lassen

Garzeit
35 Minuten

Ergibt
2 große Ciabattas

Vorteig

¾ TL (3 g) Trockenhefe
250 ml Wasser
195 g Weizenmehl Type 550

Teig

½ TL (2 g) Trockenhefe
315 ml lauwarmes Wasser
390 g Weizenmehl Type 550, plus Mehl zum Verarbeiten
¾ EL (11 g) feines Meersalz
natives Olivenöl extra zum Einfetten

Zum Backen

250 ml Wasser, plus Wasser zum Besprühen
100 g Eiswürfel

Ciabatta

Ciabatta steht und fällt mit ihrer luftig-lockeren Krume. Große Löcher, erstaunlich großer Geschmack. Klingt wie ein Widerspruch, ist aber keiner.

Für den Vorteig

1 In einer großen Schüssel die Hefe in dem Wasser auflösen. Das Mehl unterrühren, bis die Mischung glatt ist. Mit Frischhaltefolie zudecken und den Vorteig bei Raumtemperatur 14–18 Stunden oder über Nacht gehen lassen.

Für den Teig

1 In der Schüssel der Küchenmaschine die Hefe mit dem lauwarmen Wasser verrühren. Das Mehl, das Salz und den Vorteig zugeben und alles mit dem Knethaken auf mittlerer Stufe 6–8 Minuten zu einem glatten Teig verarbeiten. (Er ist ziemlich feucht und klebrig.) Mit Frischhaltefolie zudecken und den Teig 15 Minuten ruhen lassen.

2 Den Teig mit der hohlen Hand aufnehmen und 2–3 Minuten lang immer wieder gegen den Schüsselrand schlagen, bis er sich von selbst vom Rand löst. Mit Frischhaltefolie zudecken und 1 Stunde gehen lassen.

3 Die Hände mit Olivenöl einreiben. Den Teig an einer Seite greifen, behutsam strecken und zusammenfalten. Den Teig ein Stück weiterdrehen und erneut strecken und falten, bis ihr euch einmal streckend und faltend rundherum gearbeitet habt. Den Teig insgesamt 30 Minuten ruhen lassen und während der Teigruhe diesen Vorgang noch zweimal wiederholen – also den Teig insgesamt dreimal falten. Nach dem dritten Falten noch einmal 45 Minuten ruhen lassen.

4 Eine große ofenfeste Pfanne – idealerweise mit Lavasteinen gefüllt – in den unteren Teil des Backofens stellen. Auf der mittleren Schiene einen Backstahl (eine flache Stahlplatte zum Pizzabacken) oder einen großen, rechteckigen Pizzastein einschieben (etwa von der Größe eines Backblechs). Den Ofen auf maximaler Stufe vorheizen (260 °C sind ideal).

5 Einen Bogen Backpapier von der Größe des Backstahls oder Pizzasteins auf die Arbeitsfläche legen. Den Teig und das Papier großzügig mit Mehl bestreuen. Den Teig mit einer Teigkarte vorsichtig aus der Schüssel heben und auf das Papier geben. (Den Teig sanft behandeln und nicht abschlagen.) Großzügig mit weiterem Mehl bestreuen und mit der Teigkarte behutsam zu einem großen quadratischen Laib formen. Das Quadrat vorsichtig, aber beherzt in zwei dicke Rechtecke zerteilen. Das Papier mit einer Schere zwischen den beiden Teiglingen durchschneiden, sodass ihr zwei getrennt auf Backpapier liegende Ciabattas habt. Erneut kräftig mit Mehl bestäuben, mit gut eingeölter Frischhaltefolie zudecken und 30 Minuten gehen lassen.

6 Die Ciabattas mit etwas Wasser einsprühen und rasch links und rechts nebeneinander auf den Backstahl oder den Pizzastein setzen.

7 In einer kleinen Schüssel 250 ml raumtemperiertes Wasser und die Eiswürfel vermengen. Das Eiswasser (Ofenhandschuhe nicht vergessen) rasch, aber vorsichtig in die Pfanne gießen. Die Ofentür schließen, bevor der Dampf entweichen kann, und die Ciabattas 25–35 Minuten backen.

8 Den Backstahl oder Pizzastein mit den Broten aus dem Ofen nehmen und die Ciabattas auf einem Gitter vollständig abkühlen lassen.

ANMERKUNG: *Das Wasser in der Pfanne dient dazu, den Ofen zu bedampfen. Ihr meint, ihr könnte euch die Mühe sparen? Könnt ihr nicht. Sonst könnt ihr euch gleich die ganze Arbeit sparen. Der Dampf befeuchtet die Oberfläche des Brots, sodass sie geschmeidig bleibt, das Ciabatta aufgehen kann und jene luftige, großporige Krume hervorbringt, die wir uns alle wünschen. Andernfalls fabriziert ihr Backsteine.*

Vorbereitung
20 Minuten

Garzeit
35–40 Minuten

Ergibt
etwa 12 Portionen

Extrahohe Frittata

Die Frittata wird unterschätzt. Ich meine, sie kann so ziemlich alles sein, was ihr euch wünscht. Und wenn ihr euch diese fluffige Version vornehmt, werdet ihr erleben, wie ein bisschen mehr Ei und Muskelkraft zu einem viel spannenderen Esserlebnis führen und sich ein eierner Eishockeypuck in eine federleichte Creme verwandelt, die auf der Zunge zergeht.

- 225 g durchwachsener Speck, in 1,3 cm lange Streifen geschnitten
- 3 Schalotten, gewürfelt
- 3 Knoblauchzehen, in feine Scheiben geschnitten
- 1½ TL (9 g) feines Meersalz, plus Salz nach Geschmack
- ½ TL (5 g) frisch gemahlener schwarzer Pfeffer, plus Pfeffer nach Geschmack
- 15 große Eier
- 3 EL (45 g) Schlagsahne
- 180 ml Vollmilch
- 1 EL (3 g), fein gehackter frischer Thymian
- 270 g geriebener Gruyère (Greyerzer)
- gehackte Petersilie zum Servieren (nach Belieben)

1 Den Backofen auf 190 °C vorheizen.

2 Den Speck in einer tiefen ofenfesten Pfanne (Ø 30 cm), am besten aus Gusseisen, bei mittlerer Hitze unter häufigem Rühren auslassen, bis er goldbraun und knusprig ist.

3 Die Schalotten und den Knoblauch zugeben, mit Salz und Pfeffer nach Geschmack würzen und bei schwacher bis mittlerer Hitze etwa 8 Minuten braten, bis die Schalotten vollkommen weich sind. Die Pfanne zum Abkühlen beiseitestellen.

4 In einer mittelgroßen Schüssel Meersalz, schwarzen Pfeffer, Eier, Sahne, Milch und Thymian verquirlen, bis alles gleichmäßig vermengt und die Mischung homogen ist. Zuletzt die Hälfte des Gruyères unterrühren.

5 Die Eiercreme in die Pfanne einfüllen und umrühren, bis die Zutaten gleichmäßig verteilt sind. Mit dem restlichen Käse bestreuen und die Frittata im Ofen 20–25 Minuten backen, bis sie durchgegart und aufgegangen ist. Die Käsekruste sollte goldbraun sein. Falls sie noch etwas Zeit benötigt, kurz unter dem Backofengrill gratinieren, bis sie die gewünschte Farbe hat.

6 Die Frittata in der Pfanne 15 Minuten oder vollständig abkühlen lassen. Wer mag, bestreut sie vor dem Servieren mit Petersilie.

ANMERKUNG: *Bei Verwendung einer Gusseisenpfanne sollte das Gargeschirr gut eingebrannt sein, andernfalls klebt die Frittata am Boden fest. Also liegt mir bloß nicht in den Ohren, sollte genau das passieren. Und nun krempelt die Ärmel hoch und macht euch die Frittata mit Speck und Käse, die ihr verdient.*

Käseschaum

Vorbereitung
5 Minuten

Garzeit
5 Minuten

Ergibt
etwa 1,5 Liter

Ich weiß, nicht viele werden das ausprobieren. Verstehe ich. Aber vertraut mir, das Rezept ist so unglaublich einfach. Auch wenn ihr dazu einen Sahnesiphon benötigt. Den hat nicht jeder, weiß ich auch. Am Ende des Tages kommt es allein darauf an, wie groß euer Drang ist, diese cremig-samtige Schaumsauce auszuprobieren, die zu so ziemlich allen herzhaften Zubereitungen passt. Denkt darüber nach: Kartoffeln unter einer flauschigen Decke aus Käseschaum oder ein saftiges Steak, das ein Käseschaumbad nimmt. Ihr werdet die Investition in den Siphon nicht bereuen. Und wenn er nur dazu dient, diesen luftigen Traum aus Schaum und Käse zu verwirklichen.

200 g grob geriebener Gruyère (Greyerzer)
435 g Schlagsahne
½ TL (3 g) Salz
1 Prise frisch geriebene Muskatnuss

Zubehör
Sahnesiphon
1 Patrone für den Siphon

1 Den Gruyère in einen Standmixer geben.

2 Die Sahne in einem kleinen Topf bei mittlerer Temperatur erhitzen, bis sie dampft, jedoch nicht aufkochen.

3 Die heiße Sahne über den Käse in den Mixer gießen und die Mischung auf hoher Stufe pürieren, bis sie ganz glatt ist. Mit Salz und Muskat nach Geschmack würzen und erneut mixen.

4 Die heiße Käsecreme bis maximal zum Füllstrich in den Sahnesiphon gießen. Den Deckel fest verschließen und die Gaspatrone einsetzen. Die runde Lochtülle aufsetzen und die Flasche kräftig schütteln.

5 Den Siphon in ein warmes Wasserbad stellen. Sobald ihr startklar seid, die Tülle senkrecht direkt über die gewünschte Stelle halten und sanft den Hebel betätigen, sodass der Schaum austritt. Ist er noch zu flüssig, den Siphon erneut schütteln, bis der Schaum dick und glänzend ist.

ANMERKUNG: *Der Käseschaum lässt sich anstelle von Käsesauce zu allem Möglichen servieren, von Pommes frites über rohes Gemüse bis zu Steak.*

Vorbereitung
15 Minuten, plus 51 Stunden gehen lassen

Garzeit
25 Minuten

Ergibt
1 große Focaccia

51-Stunden-Focaccia

Die meiste Zeit bei diesem Focaccia-Marathon verstreicht ereignislos im Kühlschrank. Die aktive Zeit, die ihr gefordert seid, liegt deutlich unter einer Stunde. Das Einzige, was die Leute an diesem Rezept aufregt, ist, dass die Belohnung eine Weile auf sich warten lässt. Tragt einfach den Tag, an dem ihr das Brot essen wollt, in den Kalender ein, so könnt ihr rechtzeitig mit der Vorbereitung beginnen, und der eigentliche Backtag wird zum Klacks.

1½ TL (5 g) Trockenhefe
625 ml Wasser, auf 35 °C erwärmt
900 g italienisches Weizenmehl Tipo 00
1 EL (16 g) feines Meersalz
60–80 ml natives Olivenöl extra, plus mehr zum Beträufeln
Meersalzflocken nach Geschmack
Za'atar nach Geschmack (nach Belieben)

1 In einer mittelgroßen Schüssel die Hefe in dem lauwarmen Wasser auflösen.

2 Mehl und Salz in einer großen Schüssel vermengen. Das Hefewasser zugießen, mit der Hand untermengen und alles zu einem groben Teig verarbeiten. Den Teig mit der hohlen Hand aufnehmen und zurück in die Schüssel schlagen. Diesen Vorgang etwa 5 Minuten lang ständig wiederholen, bis der Teig allmählich geschmeidig wird. (Meine bevorzugte Methode, Teige dieser Art zu kneten.) Die Schüssel sorgfältig mit Frischhaltefolie zudecken und den Teig für 48 Stunden in den Kühlschrank stellen.

3 Eine Backform (23 × 33 cm) großzügig mit Olivenöl einfetten – 60–80 ml dürfen es schon sein. Den Teig hineingeben und so gut es geht verteilen. Mit Frischhaltefolie zudecken und 15 Minuten ruhen lassen. Den Teig gleichmäßig bis in die Ecken der Form drücken, erneut mit der Folie bedecken und bei Raumtemperatur 3½ Stunden gehen lassen.

4 Etwa 1 Stunde vor Ende der Gehzeit den Backofen auf maximaler Stufe vorheizen (260 °C sind ideal).

5 Die Focaccia nach dem Gehen großzügig mit nativem Olivenöl extra beträufeln. Die Hände ebenfalls mit etwas Öl benetzen, aneinanderreiben und mit den Fingerspitzen kleine Dellen in den Teig drücken. Die Focaccia mit Meersalzflocken und Za'atar (falls verwendet) bestreuen und im Ofen 20–30 Minuten backen, bis sie eben durchgegart, schön aufgegangen und goldbraun ist.

6 Die Focaccia aus dem Ofen nehmen und in der Form 1 Minute abkühlen lassen. Dann aus der Form auf ein Gitter stürzen, damit der Boden knusprig bleibt. Vor dem Servieren in Stücke schneiden

Vorbereitung
5 Minuten

Garzeit
45 Minuten

Ergibt
2–3 Portionen

Dutch Baby
mit frittierten Kapern und Burrata

Eigentlich ist das ja nur ein Pfannkuchen aus dem Ofen, aber ich glaube, sein Name schreckt die Leute ab: »Hey Rick, hast du nicht Lust, die Straße runter ein paar Dutch Babys zu essen?« Klingt beängstigend. Trotzdem solltet ihr euch die Chance nicht entgehen lassen, denn dies ist mein absoluter Favorit für einen unvergesslichen Brunch. Und auch sonst für so manchen Anlass.

- 3 große Eier
- 60 g Mehl
- 125 ml Vollmilch
- 2 TL (10 g) Vanillepaste
- 1½ EL (23 g) Ahornsirup
- ½ TL (3 g) feines Meersalz
- 3 EL (42 g) Butter
- 125 ml Pflanzenöl zum Frittieren/Braten
- 45 g Kapern
- 1 Burrata-Kugel (115–225 g)
- Honig zum Beträufeln
- Meersalzflocken zum Servieren
- frisch gemahlener schwarzer Pfeffer zum Servieren

1 Den Backofen auf 220 °C vorheizen und auf der mittleren Schiene ein Gitter einschieben. Sobald der Ofen heiß ist, eine gusseiserne Pfanne darin 20 Minuten erhitzen.

2 Eier, Mehl, Milch, Vanillepaste, Ahornsirup und Meersalz im Standmixer auf mittlerer Stufe verquirlen, bis die Mischung glatt ist.

3 Die Ofentür öffnen, die Butter in die Pfanne geben und bei geschlossener Tür zerlassen. Die Pfanne aus dem Ofen nehmen und behutsam schwenken, sodass die Butter gleichmäßig zerläuft. Den Pfannkuchenteig einfüllen, die Pfanne wieder in den Ofen stellen und den Pfannkuchen 20–25 Minuten backen, bis er goldbraun und aufgegangen ist.

4 Inzwischen das Öl in einem kleinen Topf bei mittlerer bis hoher Temperatur auf 180 °C erhitzen. Die Kapern hineingeben – achtgeben, dass ihr euch nicht verbrennt, sie beginnen sofort zu platzen – und 2 Minuten frittieren, bis das Öl nicht mehr schäumt und die Kapern prall und knusprig sind. Vorsichtig herausfischen und auf Küchenpapier abtropfen lassen.

5 Die Pfanne aus dem Ofen nehmen und sofort die Burrata in die Mitte des Pfannkuchens setzen. Mit den frittierten Kapern bestreuen und großzügig mit Honig beträufeln. Mit Meersalzflocken und schwarzem Pfeffer abrunden und sofort genießen!

Vorbereitung
20 Minuten, plus 1 Nacht kühlen

Garzeit
8–10 Stunden

Ergibt
6–8 Portionen

Gepuffte Rindersehnen
mit Cajun-Gewürz

Nachdem ich mein letztes Kochbuch veröffentlicht hatte, stellte sich heraus, dass einige Leute Lust auf raffiniertere und anspruchsvollere Rezepte hatten, die sie mehr forderten oder eine neue Technik vermittelten, die sie noch nicht kannten. Nun gut, hier ist so ein Rezept. Eine klassische Technik, die in vielen Top-Restaurants zum Einsatz kommt. Jetzt kennt ihr sie auch.

900 g Rindersehnen (beim Fleischer vorbestellen oder aus dem Asia-Shop)

1 l Pflanzenöl zum Frittieren

Cajun-Gewürz oder Salz nach Geschmack (siehe **Anmerkung**)

1 Die Rindersehnen gründlich waschen und in einem Topf mit kaltem Wasser bedecken. Bei mittlerer bis starker Hitze zum Kochen bringen und dann bei schwacher Hitze 6–8 Stunden köcheln lassen, bis die Sehnen extrem weich und zart sind. Das verkochte Wasser regelmäßig ersetzen.

2 Die Sehnen abtropfen lassen. In eine rechteckige Form (23 × 33 cm) schichten. Eine zweite Form der gleichen Größe daraufsetzen, mit ein paar Konservendosen beschweren und das Ganze über Nacht in den Kühlschrank stellen.

3 Am nächsten Tag den gepressten Block Rindersehnen im kalten Zustand vorsichtig aus der Form lösen und mit einem scharfen Messer oder auf einer Aufschnittmaschine in etwa 3 mm dünne Scheiben schneiden. Die Scheiben auf das Gittergestell eines Dörrgeräts legen und 2 Stunden bei 55 °C trocknen.

4 Einen großen Topf zur Hälfte mit Pflanzenöl füllen und bei mittlerer bis hoher Temperatur auf 180 °C erhitzen. Portionsweise die Rindersehnen hineingeben, nicht zu viele auf einmal, sodass sie genug Platz haben, und 4–5 Sekunden frittieren, bis sie stark gepufft sind.

5 Die gepufften Rindersehnen auf einem Blech auf Küchenpapier abtropfen lassen und sofort mit Cajun-Gewürz oder Salz bestreuen. In dieser Weise sämtliche Rindersehnen frittieren und würzen.

6 Die Rindersehnen sofort genießen oder als Chips mit einem Dip nach Wahl servieren. Genießt sie wie Chicharrones oder Tortilla-Chips.

ANMERKUNG: *Nur mit Salz gewürzt, lassen sich die Sehnen mit jeder Art von Sauce, Dip oder Aufstrich kombinieren. Ihr könnt sie aber auch mit einer Cajun-Gewürzmischung eurer Wahl bestreuen, achtet jedoch darauf, dass sie in jedem Fall auch Salz enthält.*

Vorbereitung
10 Minuten

Garzeit
20 Minuten

Ergibt
etwa 500 g

Gepuffte Kichererbsen mit Curry

Ihr wollt euren Knabberkram selbst machen? Na dann los.

2 Dosen Kichererbsen (à 400 g)
1½ EL (22 g) Salz
2,5 l Pflanzenöl zum Frittieren

Gewürzmischung
1½ EL (22 g) Salz
2 TL (6 g) geräuchertes Paprikapulver
1 EL (10 g) gemahlener Koriander
1 EL (10 g) gemahlener Kreuzkümmel
2 TL (6 g) gemahlener Ingwer
1 EL (10 g) gemahlene Kurkuma
½ TL (2 g) gemahlener Zimt
1 TL (3 g) gemahlener Kardamom
2 TL (6 g) Cayennepfeffer
1 EL (13 g) Zucker
1 TL (3 g) Knoblauchpulver
½ TL (2 g) Zwiebelpulver

1 Den Backofen auf 180 °C vorheizen.

2 Die Kichererbsen in ein Sieb abgießen und abspülen. In einem Topf mit 2 Liter Wasser bedecken, das Salz zugeben und bei starker Hitze 10–12 Minuten garen, bis die Kichererbsen ganz weich und mürbe, aber noch nicht zerkocht sind. In einem Sieb behutsam abtropfen lassen, dann auf einem Blech verteilen und im Ofen 5 Minuten trocknen.

3 Das Öl in einem großen Topf bei mittlerer bis hoher Temperatur auf 190 °C erhitzen. Es sollte maximal bis zur halben Höhe des Topfes reichen. (Das Öl wallt beim Frittieren schlagartig auf, also Vorsicht bitte.)

4 Während das Öl heiß wird, sämtliche Zutaten für die Gewürzmischung in einer Schüssel sorgfältig vermengen.

5 Die Kichererbsen in kleinen Portionen vorsichtig in das heiße Öl geben und 1–2 Minuten frittieren, bis sie dick und knusprig sind. Wenn das Öl nicht mehr siedet und die Kichererbsen sich etwas dunkler gefärbt haben, sind sie so weit.

6 Die frittierten Kichererbsen auf einem Blech auf Küchenpapier abtropfen lassen und sofort großzügig mit der Gewürzmischung bestreuen.

7 Die vollständig abgekühlten Kichererbsen sofort in einem fest schließenden Behälter verstauen (am besten ein bis zwei Silica-Beutel mit hineinlegen). Sie halten sich 2–3 Tage.

Vorbereitung
1 Stunde 30 Minuten

Garzeit
25 Minuten

Ergibt
etwa 20 Cracker

Reiscracker

Diese Cracker machen zwar etwas mehr Mühe, doch wenn ihr den Bogen heraushabt, dürften sie zum beliebtesten Snack in eurem Repertoire werden. Ihr großes Plus ist ihr im ungewürzten Zustand extrem neutraler Geschmack. Natürlich könnt ihr sie mit der Mischung aus der Zutatenliste würzen, aber denkt nur an die vielen anderen Möglichkeiten, die sich da auftun: Zimtzucker, Chili-Paprika, Karamell-Popcorn … Es gibt zig Optionen.

185 g Jasminreis, gewaschen
1,5 l Pflanzenöl zum Frittieren

Gewürzmischung
2½ TL (15 g) Salz
2 TL (6 g) Shichimi Togarashi-Gewürz
1 TL (3 g) Knoblauchpulver
½ TL (1 g) gemahlener Ingwer
¼ TL (2 g) Zucker

1 Den Backofen auf 120 °C vorheizen.

2 Den Reis in einem mittelgroßen Topf mit 500 ml Wasser bedecken, bei schwacher bis mittlerer Hitze zum Kochen bringen und etwa 20 Minuten garen, bis die Körner extrem weich und schon leicht breiig sind. (Ihr könnt das auch in einem Reiskocher erledigen. Hier ist fast doppelt so viel Wasser im Einsatz wie üblich, aber genau das ist der Punkt.)

3 Den gegarten Reis gleichmäßig auf zwei Silikonmatten oder auf zwei gleich großen Bögen Backpapier verteilen und mit einem Nudelholz zu knapp 1 cm dicken Rechtecken ausrollen. Den Reis im vorgeheizten Ofen 1 Stunde trocknen.

4 Die getrockneten Reisplatten mit einer Küchenschere in der gewünschten Form und Größe zuschneiden – Quadrate oder was immer ihr wollt. Ihr könnt sie auch in große Quadrate schneiden und diese nach dem Frittieren in kleinere Stücke brechen.

5 Die Zutaten für die Gewürzmischung in einer kleinen Schüssel vermengen.

6 Das Öl in einem Topf (5 Liter) bei mittlerer bis hoher Temperatur auf 200 °C erhitzen. Die Reiscracker portionsweise hineingeben – nicht zu viele auf einmal – und 20–30 Sekunden frittieren, bis sie aufgebläht sind und das Öl nicht mehr siedet. Achtet darauf, die Cracker gleichmäßig von beiden Seiten zu frittieren. Anschließend auf einem Blech auf Küchenpapier abtropfen lassen und sofort würzen. Die restlichen Reiscracker ebenso verarbeiten.

Vorbereitung
15 Minuten

Garzeit
20 Minuten

Ergibt
5–6 Portionen

Puffed Potatoes

Vielleicht kennt ihr sie besser unter dem Namen Pommes Soufflées und habt sie sogar schon mal gegessen. Sie sind weniger als Beilage geeignet, denn als kleines Amuse-Bouche, das man zu jedem Anlass servieren kann, sei es zum Frühstück, zu einem Brunch oder auf einer Dinner-Party. Oder gönnt sie euch einfach selbst. Ich hätte da nichts zu beanstanden.

2,5 l Pflanzenöl zum Frittieren

2 große mehligkochende Kartoffeln (ich nehme Russet), geschält und längs in 3 mm dünne Scheiben geschnitten

1½ TL (15 g) Speisestärke

Salz nach Geschmack

1 Das Öl in einem großen Topf (6,5 Liter) bei mittlerer bis hoher Temperatur auf 165 °C erhitzen.

2 Die Hälfte der Kartoffelscheiben nebeneinander auf eine saubere, ebene Arbeitsfläche legen. Die Speisestärke in einer dünnen Schicht auf die Kartoffeln streuen und mit einem Backpinsel gleichmäßig verteilen. (Darauf achten, dass die Stärke nicht verklumpt, sonst verwandelt sie sich beim Frittieren in Gummi). Die restlichen Kartoffelscheiben direkt darauflegen.

3 Aus jedem Kartoffelstapel mit einem Ausstechring (Ø 5 cm) Kreise ausstechen, auf ein mit Küchenpapier ausgelegtes Backblech legen und mit weiterem Küchenpapier trocken tupfen.

4 Jeweils drei bis vier der Kartoffelkreise in das heiße Öl geben und 20 Sekunden frittieren. Mit einer Schaumkelle wenden und weitere 20 Sekunden frittieren. (Nicht alle Scheiben blähen sich auf, manche bleiben flach und werden nur knusprig.)

5 Die Puffed Potatoes mit einer Schaumkelle aus dem Öl fischen und auf einem Gitter über einem Blech abtropfen lassen. Mit Salz nach Geschmack bestreuen und heiß servieren.

Ingwerbier

Vorbereitung
bis zu 15 Tage

Garzeit
entfällt

Ergibt
2 Liter

Falls ihr schon mal daran gedacht habt, Mineralwasser selbst zu machen, nur zu. Ja, dieses Ingwerbier erfordert etwas mehr Aufwand, als nur mal eben einen Wassersprudler zu befüllen, aber die Kosten sind minimal, und irgendein spezielles Gerät ist dafür auch nicht erforderlich. Zucker, Ingwer, Wasser und Mutter Natur. Das ist alles.

Ingwerbierstarter

frischer, ungeschälter Ingwer, gerieben

Rohzucker

filtriertes Wasser

Ingwerbier

950 ml Wasser

100 g Rohzucker

125 ml Ingwerbierstarter, filtriert

2½ EL (30 g) geschälter und fein geriebener Ingwer

2 EL (30 ml) Zitronensaft

Für den Ingwerbierstarter

1 In einem sterilisierten Einmachglas (1 Liter) 2 EL (12 g) geriebenen Ingwer, 1½ TL (8 g) Rohzucker und 60 ml filtriertes Wasser verrühren, bis sich der Zucker aufgelöst hat. Das Glas mit einem Passiertuch oder Käseleinen zudecken und das Tuch mit einem Gummiring fixieren. Die Mischung bei Raumtemperatur 24 Stunden stehen lassen.

2 Am nächsten Tag 1 EL (6 g) geriebenen Ingwer, 1½ TL (8 g) Rohzucker und 2 EL (30 ml) filtriertes Wasser zugeben und mit einem sauberen Löffel umrühren, bis sich der Zucker aufgelöst hat. Diesen Vorgang 4–7 Tage lang täglich wiederholen.

3 Sobald das Glas etwas mehr als bis zur Hälfte gefüllt ist und die Mischung schäumt, ist sie einsatzbereit. Es könnte nun ewig so weitergehen, doch ich empfehle, den Ingwerbierstarter nach 10 Tagen in ein frisches Glas abzuseihen und mit frischem Ingwer weiterzumachen, um Schimmelbildung zu vermeiden.

Für das Ingwerbier

1 Sämtliche Zutaten für das Ingwerbier in einem sterilisierten Einmachglas vermengen. Mit einem Passiertuch oder Käseleinen zudecken und das Tuch mit einem Gummiring fixieren.

2 Das Glas bei Raumtemperatur für 3–5 Tage an einen dunklen Ort stellen, bis sich an der Oberfläche Bläschen bilden. Die Mischung durch ein Sieb in einen sterilisierten Krug abseihen und anschließend in eine Bügelflasche abfüllen.

3 Die Flasche verschließen, das Ingwerbier bei Raumtemperatur weitere 2–4 Tage fermentieren und vor dem Servieren 1 Nacht in den Kühlschrank stellen. Es hält sich im Kühlschrank bis zu 1 Monat. Vorsicht beim Öffnen der Flasche, das Ingwerbier schäumt gern über. Am besten über der Spüle öffnen. Auf eigene Gefahr.

ANMERKUNG: *Das Fermentieren kann so seine Tücken haben und erfordert absolute Sauberkeit. Das Arbeitsmaterial sollte möglichst steril sein und der Ingwer gründlich gewaschen werden.*

Sfogliatelle

Vorbereitung
3 Stunden

Garzeit
40 Minuten

Ergibt
12 Stück

Es ist mir klar, dass sich nicht viele an dieses Gebäck herantrauen werden, dabei ist es ein perfektes Beispiel dafür, wie sich ein Teig verwandelt, wenn er ein bisschen Luft holt. Ohne die magische Wirkung des Dampfes, den die Butter beim Backen erzeugt, würden Sfogliatelle schlicht nicht existieren. Sie sind die perfekte Mischung aus crunchy und fluffig. Entzückende kleine Dinger.

Teig

- 455 g Weizenmehl Type 550, plus mehr zum Verarbeiten
- 1 TL (5 g) feines Meersalz
- 60 g Honig
- 185 ml Wasser
- 170 g Butter, zerlassen, plus mehr zum Einfetten

Füllung

- 500 ml Vollmilch
- 150 g Zucker
- 1 TL (5 g) feines Meersalz
- 120 g Weizengrieß
- 500 g Ricotta
- 1 großes Ei
- 1 Eigelb
- Mark von 1 Vanilleschote
- ½ TL (2 g) gemahlener Zimt
- 50 g Orangeat, fein gehackt
- Puderzucker

Für den Teig

1 Das Mehl und das Salz in einer großen Schüssel vermengen. In einer kleinen Schüssel den Honig mit dem Wasser verrühren. Die flüssigen zu den trockenen Zutaten gießen und alles von Hand grob zu einem Teig vermischen. Eventuell noch 2–3 EL Wasser einarbeiten, damit sich die Zutaten verbinden. Den Teig 5–7 Minuten kneten, bis er geschmeidig ist, dann in Frischhaltefolie wickeln und für 30 Minuten in den Kühlschrank legen.

2 Den Teig in vier gleich große Portionen teilen. Das erste Teigstück auf die leicht bemehlte Arbeitsfläche legen – die anderen so lange mit eingefetteter Frischhaltefolie zudecken, damit sie nicht austrocknen – und mithilfe einer Pastamaschine ausrollen. Mit dem größten Walzenabstand beginnen, den Teig dann zusammenfalten und erneut durchlassen. Anschließend den Abstand der Walzen nach jedem Ausrollen um eine Stufe verringern, bis der Teig nur noch knapp 3 mm dünn ist.

3 Den Teig dünn mit zerlassener Butter bestreichen und an der kurzen Seite beginnend fest zu einer Rolle aufwickeln. Anschließend nacheinander die anderen drei Teigstücke in der Pastamaschine ausrollen und mit zerlassener Butter bestreichen. Die ausgerollten Teigplatten jeweils in den Kühlschrank legen.

4 Eine Teigplatte auf die Arbeitsfläche legen. Die aufgewickelte Teigrolle auf den unteren kurzen Rand der Teigplatte legen und diese aufwickeln, sodass erneut eine zylindrische Rolle entsteht, die etwas dicker ist als zuvor. Das Ende etwas überstehen lassen, um es mit der nächsten Teigplatte zu verbinden. Mit den beiden verbliebenen Teigplatten ebenso verfahren, dabei wird die Rolle mit jedem Mal dicker. Am Ende solltet ihr einen sehr dicken Zylinder aus vielen Schichten Teig und Butter haben. Den Teigzylinder in Frischhaltefolie wickeln und für 1½ Stunden in den Kühlschrank legen.

5 Den Backofen auf 190 °C vorheizen. Ein Backblech mit Backpapier auslegen.

Für die Füllung

1 Die Milch mit Zucker und Salz in einem mittelgroßen Topf bei mittlerer Hitze zum Kochen bringen. Den Grieß hineingeben und unter ständigem Rühren etwa 3 Minuten garen, bis die Mischung dick ist. Vollständig abkühlen lassen.

2 In einer großen Schüssel Ricotta, Ei, Eigelb, Vanillemark, Zimt und Orangeat vermengen. Den Grieß zugeben und alles sorgfältig miteinander verrühren.

3 Die Teigrolle aus dem Kühlschrank nehmen und in 2 cm dicke Scheiben schneiden. Die Finger einfetten, eine Teigscheibe aufnehmen und die Mitte mit beiden Daumen durch kreisende Bewegungen nach außen weiten, sodass sich die Schichten öffnen und ein kegelförmiges Hütchen entsteht. (Die Schichten nicht zu sehr auseinanderziehen.) Das Teighütchen mit der Öffnung nach oben in die Hand nehmen und mit der vorbereiteten Creme füllen. Anschließend die Öffnung verschließen und den Rand zusammendrücken – er muss nicht perfekt versiegelt sein. Die anderen Scheiben ebenso füllen, mit etwas Abstand auf ein Backblech legen und im Ofen 30 Minuten backen.

4 Die Sfogliatelle aus dem Ofen nehmen und 6–8 Minuten abkühlen lassen. Großzügig mit Puderzucker bestreuen und sofort servieren.

Vorbereitung
2 Stunden

Garzeit
10 Minuten

Ergibt
12 Donuts

Glasierte Leichter-als-Luft-Donuts

Genau genommen sind sie natürlich nicht leichter als Luft, das wäre physikalisch unmöglich. Aber wäre ja möglich, dass ihr sagt: »Wow, die sind ja leichter als Luft!« Genauso stelle ich mir jedenfalls den Biss in eine Wolke vor.

375 ml Vollmilch
4 TL (12 g) Trockenhefe
2 große Eier
1 Eigelb
600 g Mehl, plus Mehl zum Verarbeiten
65 g Zucker
1½ TL (9 g) feines Meersalz
1 TL (2 g) Amylase (Enzympulver)
1 Msp. Backmalz (nach Belieben)
115 g weiche Butter
Pflanzenöl zum Frittieren und Einfetten

Glasur

480 g Puderzucker
5–6 EL (75–90 ml) Wasser
2 TL Vanilleextrakt

1 Die Milch in einem Topf bei schwacher bis mittlerer Hitze auf 35 °C erwärmen. In die Schüssel der Küchenmaschine gießen und die Hefe darin unter Rühren auflösen. Anschließend die Eier und das Eigelb zugeben.

2 In einer großen Schüssel Mehl, Zucker, Meersalz, Amylase und Backmalz (falls verwendet) vermengen.

3 Die Küchenmaschine mit dem Knethaken bestücken, das Gerät auf niedriger bis mittlerer Stufe einschalten und nach und nach die Mehlmischung einarbeiten, jeweils etwa 2 EL, bis sich die Zutaten allmählich zu einem Teig verbinden. Anschließend die Mehlmenge bei jeder Zugabe erhöhen und weiterkneten, bis sämtliches Mehl eingearbeitet ist. Die Butter zugeben und den Teig weitere 3–5 Minuten kneten, bis er homogen und geschmeidig ist.

4 Den Teig aus der Schüssel nehmen, zu einer Kugel formen und in eine eingefettete Schüssel legen. Mit Frischhaltefolie zudecken und bei Raumtemperatur 1½ Stunden gehen lassen, bis er sein Volumen verdoppelt hat.

5 Die Arbeitsfläche mit Mehl bestäuben. Den Teig in der Schüssel sanft abschlagen und auf die bemehlte Arbeitsfläche legen. Mit weiterem Mehl bestreuen und knapp 2 cm dick ausrollen. Mit einem Donut-Ausstecher so viele Donuts wie möglich ausstechen. (Oder einen Ausstechring von 7,5 cm Ø verwenden und mit einem kleineren Ausstecher Löcher in die Mitte stanzen.)

6 Ein Backblech leicht einfetten, mit Mehl bestäuben und die Donuts mit etwa 2,5 cm Abstand dazwischen verteilen. Mit eingefetteter Frischhaltefolie zudecken und 45–60 Minuten gehen lassen.

7 Ein Gitter auf ein Backblech setzen. Einen großen Topf etwa 6,5 cm hoch mit Pflanzenöl füllen und bei mittlerer bis hoher Temperatur auf 170 °C erhitzen. Jeweils drei bis vier Donuts auf einmal hineingeben und 30–45 Sekunden frittieren, bis sie von beiden Seiten goldbraun und aufgegangen sind, dann zum Abkühlen auf das vorbereitete Gitter legen.

8 Für die Glasur den Puderzucker in einer großen Schüssel mit 5 EL (75 ml) Wasser glatt rühren, dann den Vanilleextrakt unterrühren. Bei Bedarf mehr Wasser dazugeben, bis die Glasur glatt ist. Die Donuts einzeln von einer Seite in die Glasur tauchen, bis sie etwa zu drei Viertel bedeckt sind. Mit der glasierten Seite nach oben wieder auf das Gitter legen. Die Glasur vor dem Servieren der Donuts vollständig aushärten lassen.

Vorbereitung
1 Stunde 30 Minuten

Garzeit
35 Minuten

Ergibt
4 Portionen

Arme-Ritter-Auflauf mit Bourbon

Wenn die Eiercreme erst in das Brot gesickert ist und die Form im Ofen landet, wo das Ganze schnell aufgeregt Blasen wirft, dann werdet ihr schon bald mit einem cremig-zarten und luftigen Arme-Ritter-Auflauf belohnt. Ihr könnt ihn auf einer Party servieren, ohne dass ihr wahnsinnig viel Zeit investieren müsst, um Arme Ritter einzeln in der Pfanne zu backen.

- 1 großer Hefezopf, in 2 cm dicke Scheiben geschnitten
- 6 große Eier
- 2 Eigelb
- 1½ TL (5 g) gemahlener Zimt
- ¼ TL (1 g) geriebene Muskatnuss
- ¼ TL (1 g) gemahlener Piment
- ½ TL (3 g) feines Meersalz
- 35 g brauner Zucker
- 500 g Schlagsahne, plus Schlagsahne zum Servieren
- 375 ml Vollmilch
- 3½ EL (53 ml) Bourbon-Whiskey
- Ahornsirup zum Servieren
- frische Beeren zum Servieren
- Puderzucker zum Servieren

1 Den Backofen auf 165 °C vorheizen. Eine ofenfeste Form (23 × 33 cm) kräftig mit Backspray einsprühen.

2 Die Hefezopfscheiben nebeneinander auf ein Backblech legen und im Ofen 15–20 Minuten backen, bis sie trocken sind.

3 In einer großen Schüssel Eier, Eigelb, Zimt, Muskat, Piment, Meersalz und braunen Zucker verquirlen, bis die Mischung glatt ist. Anschließend Sahne, Milch und Whiskey unterrühren.

4 Die Hefezopfscheiben in zwei Reihen fächerartig in die Form einschichten, mit der Eiercreme übergießen und für mindestens 45 Minuten oder über Nacht in den Kühlschrank stellen. (Also gut vorzubereiten, wenn ihr die Armen Ritter am nächsten Tag zum Frühstück servieren möchtet.)

5 Den Backofen auf 180 °C vorheizen.

6 Die Form locker mit Alufolie zudecken, damit eure Armen Ritter nicht verbrennen, und im Ofen 30–35 Minuten backen.

7 Den Arme-Ritter-Auflauf aus dem Ofen nehmen und 5 Minuten abkühlen lassen. Mit Ahornsirup, steif geschlagener Sahne und Beeren garnieren, mit Puderzucker bestreut genießen.

Cremig

Allererste Sahne

Es hat seinen Grund, warum *cream* (Sahne) im Englischen ein umgangssprachlicher Ausdruck für »Geld« ist. (Die Gruppe Wu-Tang Clan hat das definitiv kapiert.) Sahne gilt als edel und erlesen; man kann das Zeug praktisch über alles gießen, und wenn es in ausreichender Dosis geschieht, bewirkt es meist etwas Positives. Sahne ist so gut, dass sie von Profi- und Hobbyköchen gleichermaßen als eine Art Krücke eingesetzt wird. Die Franzosen verwenden sie stets und ständig, während die Italiener ein eher schwieriges Verhältnis zu Sahne haben. Ist dem Franzosen nach mehr Fülle und Tiefe am Gaumen, greift er zu Sahne. Der Italiener zückt hingegen das Messer, käme man auch nur auf die Idee, seiner Carbonara oder Cacio e Pepe mit Sahne zu Leibe zu rücken. Ich kann beiden zustimmen. Hier ist nur von fettreicher Sahne die Rede, doch geht Cremigkeit als Textur weit über den Becher Rahm aus dem Kühlregal eures Supermarktes hinaus.

Stellt euch Folgendes vor: Ihr seid in einem Restaurant. Es ist der perfekte Tag, keine Wolke am Himmel, die Temperatur liegt bei 30 °C und die Luftfeuchtigkeit geht gegen null. Ihr sitzt mit Freunden beim geselligen Brunch, doch ihr könnt an nichts anderes denken als an einen Teller knuspriger, heißer Fritten und ein Schälchen mit dem perfekten Klecks Ketchup dazu. Endlich, nach einer Stunde Warterei im Brunch-Hochbetrieb seht ihr aus der Ferne eure Pommes anrücken. Sie scheinen regelrecht zu funkeln. Ist es das Öl oder das Salz? Oder ist es eine Fata Morgana, weil ihr nach der langen Wartezeit vor Hunger halluziniert? Schließlich sind sie da. Eure Fritten samt Ketchup. Da ist noch eine andere Sauce, aber ihr nehmt keine Notiz von ihr, denn in Gedanken stellt ihr bereits schmutzige Dinge mit eurem Berg Pommes an. Die erste senkt sich in den Ketchup, mit dem sie zu dieser perfekten heiß-kalten, süß-salzigen Symbiose verschmilzt. Was könnte schöner sein als dieser Moment, denkt ihr, während in eurem Kopf eine Symphonie erklingt. Den Blick in die Ferne gerichtet, greift ihr gedankenverloren zur nächsten Fritte. Tief taucht sie ein, doch es ist die andere Sauce, die ihr nicht einmal bemerkt habt. Wie in Zeitlupe zieht ihr das Kartoffelstäbchen wieder heraus und beißt hinein. Whoa … Moment mal. Das ist ja gar kein Ketchup. Schmeckt irgendwie nach Knoblauch und süßlich, aber vor allem würzig, fast ein bisschen scharf … und stopp mal … die ist ja total cremig. Es ist die beste Fritten-Sauce, die eure Geschmacksknospen je berührt hat, denn ihr habt tatsächlich noch nie Pommes mit Mayo gegessen (zumindest wenn ihr in den USA aufgewachsen seid). Dieser Moment verändert euer Leben, und schuld ist die cremige Textur einer simplen Mayo.

EINE KNUSPRIGE
FRITTE UND
EINE CREMIGE
MAYONNAISE
SIND DIE PERFEKTE
SYMBIOSE.

Was bedeutet cremig?

Der Begriff »cremig« kann Verwirrung stiften. Das Erste, was die Leute tun, wenn etwas cremig werden soll: Sie greifen zum Sahnebecher, jenem fetten Rahm, den man von frischer Milch abschöpft. Seine Textur charakterisiert »cremig« schon ganz gut, aber gehen wir der Sache auf den Grund. Mit »cremig« als Textur assoziiere ich eine gewisse Glätte und Geschmeidigkeit, die dem Produkt einen homogenen, inneren Zusammenhalt verleiht. Er ist von samtig-weicher Beschaffenheit, vielleicht auch etwas zähflüssig oder viskos. Meistens tritt Cremigkeit in einer ganz spezifischen Form auf: als Emulsion. Sie ist der Grund, warum wir Mayo und Aioli so lieben. (Erspart mir die Aioli-Diskussion. Wir packen das hier in die gleiche Kategorie wie Mayonnaise, denn die meisten Läden bereiten alle möglichen Mayos zu und nennen sie dann Aioli. Aber ich will mich nicht aufs hohe Ross setzen.) Oft verleiht man Zubereitungen eine cremige Konsistenz, indem man ein Fett mit weiteren Zutaten emulgiert. Das Paradebeispiel für eine Emulsion ist Mayonnaise. Liegt ja auf der Hand: Wir haben Eigelb, etwas Flüssigkeit und Öl, und dann wird emulgiert.

Cremigkeit wird im Grunde durch die physikalischen Eigenschaften von Fetten bedingt, durch ihre Fähigkeit, eine glatte, seidige Textur zu erzeugen. Man kann zwei eigentlich nicht mischbare Substanzen wie Wasser und Öl durch Zugabe eines Emulgators, etwa eines Proteins oder eines Phospholipids, zu einer stabilen Mischung emulgieren. Bei Mayo fungiert Eigelb als Emulgator, dann gibt man noch etwas Zitronensaft hinzu und arbeitet unter ständigem Rühren langsam das Öl ein. In dieser Weise wird das Öl in winzigen Tröpfchen gleichmäßig verteilt, es entsteht eine cremige, gebundene Sauce. Und diese Bindung erzeugt genau die Textur, von der hier die Rede ist: Cremigkeit. Was aber, wenn man es vermasselt und die Emulsion gerinnt, also Öl und Eigelb sich wieder trennen? Wie wäre die Textur, würde man diese Mischung essen? Es wäre ein öliges, fades Trauerspiel. Erst der stabile Zusammenhalt aller Zutaten in einer Emulsion erzeugt die gewünschte Cremigkeit.

Das Erstaunliche ist, dass selbst Schlagsahne – der Inbegriff von Cremigkeit – bereits eine Emulsion ist! Man kann ihre Bestandteile durch Schütteln oder Schlagen trennen, das Ergebnis nennt man Butter. Aber nun ratet mal. Selbst Butter ist eine Emulsion! Und diese Emulsion lässt sich wiederum auflösen, indem man die Butter zerlässt. In diesem Zustand ist die Emulsion endgültig dahin, aber ihr seht, wie vielschichtig eine Emulsion sein kann, besonders wenn es eine natürliche Emulsion ist.

DAS ÖL OBEN, NOCH GETRENNT VON EIGELB, ZITRONENSAFT UND DIJONSENF UNTEN.

DURCH RÜHREN ENTSTEHT EINE HOMOGENE, CREMIGE SUBSTANZ – MAYONNAISE!

Welche Vorzüge hat Cremigkeit?

Da die meisten cremigen Speisen auf einer Art Emulsion basieren, sind sie extrem gute Geschmacksträger. Darum sind Köche so penibel beim Emulgieren. (Eine geronnene Sauce könnte ein Hinweis sein, dass es Zeit ist, den Kochlöffel an den Nagel zu hängen.) Eine cremige Textur klebt genauso am Löffel wie am Geschmack. Sie sorgt nicht nur für eine glatte, geschmeidige Beschaffenheit, sie versorgt auch sämtliche Geschmacksknospen mit Aroma. Was immer ihr in eure cremigste aller Saucen taucht, es wird jedes noch so kleine Bisschen an Geschmack aufsaugen und so gut wie nichts zurücklassen. Würzt man frittierten Fisch und packt ihn in eine frisch gebackene Tortilla, bleibt eventuell ein Teil der Gewürze auf der Strecke. Die pikante Mayo aber, die ihr über den Fisch träufelt, liefert noch ihr letztes Quäntchen Geschmack ab – und nicht nur das, sie haftet an allem, wo immer sie sich niederlässt.

Dieses Prinzip gilt jedoch nicht nur für Mayo oder Sahne. Saucen lassen sich auch mit kalter Butter emulgieren und in schimmernde, cremige Geschmacksträger verwandeln. Auch manches Gemüse, wie Blumenkohl, entwickelt eine cremige Konsistenz, wenn man es lange genug gart und anschließend püriert – übrigens ganz ohne Milch oder Sahne.

Sogar der Einsatz eines leistungsstarken Mixers kann eine Emulsion geradezu erzwingen. Das war eine meiner größten Entdeckungen als Restaurantkoch in der Welt der Saucen. Die Kollegen mixten und mahlten sich die Seele aus dem Leib, gossen vielleicht noch etwas Öl in den Mixer, und war das Gerät stark genug, verschmolz das Öl mit dem Püree, das darin entstand. Die fertige Sauce war nicht nur cremig, sie haftete an allem, was wir damit übergossen. Außerdem hellt der Mixer die Farbe auf, was auch zu einem optisch stimmigen Gesamtbild beiträgt. Kurz gesagt, in der Welt der Profis gilt: Im Zweifelsfall mixen, was das Zeug hält.

Wie wird etwas cremig?

Lange Rede, kurzer Sinn: Cremigkeit ist gleichbedeutend mit einem satten, seidigen Mundgefühl, das die meisten mögen. Hier ist eine inoffizielle Liste, in welcher Weise sich eine cremige Textur in einer Speise manifestieren kann.

- **Fettgehalt:** In Produkten wie Eiscreme, Butter oder Mayonnaise ist der hohe Fettgehalt verantwortlich für die cremige Konsistenz.

- **Stärke und Bindemittel:** Einige Speisen können durch den Einsatz von Stärke oder anderen Bindemitteln ein gewisses Maß an Cremigkeit gewinnen. Obwohl dabei kein Fett im Spiel ist, lässt sich durch die Bindung von Wasser eine homogene Konsistenz von gallertartiger Struktur erzielen, wie bei Puddings, Cremespeisen oder Cremesuppen. So könnt ihr das Prinzip »Fett« austricksen und stattdessen mit Stärke arbeiten, falls es die Art der Zubereitung erlaubt. Nehmen wir als Beispiel Risotto – obwohl ständig umgerührt und die Stärke mit Brühe benetzt wird, entwickelt der Risotto am Ende eine cremige Textur, fast oder sogar ganz ohne die Zugabe von Fett.

- **Pürieren:** Weich gekochtes Gemüse entwickelt eine cremige Konsistenz, püriert man es anschließend noch möglichst fein im Mixer, nimmt es eine samtene Textur an, die man fälschlicherweise fast dem Einsatz von Sahne zuschreiben könnte, vor allem bei Blumenkohl.

- **Milchprodukte:** Denkt nur an all die Saucen auf Milch-, Butter- oder Sahnebasis wie »Alfredo« oder Bechamel, oder auch an Salatdressings wie Ranch-Dressing und natürlich an den guten alten Becher Schlagsahne. Oft genügt es, etwas Crème fraîche, Mascarpone, griechischen Joghurt, saure Sahne oder auch Frischkäse (eine amerikanische Angewohnheit) unterzumengen, und schon nimmt das Zielobjekt eine cremige Textur an und gewinnt auch noch an Geschmack. ACHTUNG: Einige Milchprodukte wie Crème fraîche und besonders Mascarpone gerinnen leicht, wenn sie Hitze ausgesetzt werden, also behutsam vorgehen, wenn sie für heiße Zubereitungen bestimmt sind.

- **Emulsionen:** Je stabiler die Emulsion, desto cremiger und geschmeidiger ihre Textur. Und das hört bei Mayonnaise nicht auf. Zubereitungen wie Hollandaise, Käsesaucen, aufgeschlagene Buttersaucen und vieles mehr nutzen für ihre cremige Konsistenz das Prinzip der Emulsion.

- **Schmelzen lassen:** Manche Speisen entwickeln eine cremige Textur, indem man sie Hitze oder Feuchtigkeit aussetzt, sodass sie schmelzen oder weich werden. Beispiele sind etwa Käse, Schokolade oder verschiedenes Konfekt, das einen cremigen Schmelz entwickelt, wenn es im Mund zergeht.

Cremigkeit und wie man ihre Vorzüge nutzt

Wenn ihr eine cremige Textur gezielt einsetzen wollt, denkt daran: Ihre Stärke liegt in ihrer Vielseitigkeit und in ihrer Fähigkeit, ein Essen insgesamt aufzuwerten. Es genügt ein bisschen Fantasie und Know-how, um ihr Potenzial zu nutzen und aus jedem Teller ein Glanzstück aus Harmonie und Genuss zu machen. Und das geht so:

- **Die perfekte Sauce:** Eine cremige Textur kann einer Sauce zum ultimativen Durchbruch verhelfen. Stellt euch einen Teller Spaghetti mit einer seidig-fülligen Sauce vor, die jede einzelne Nudel überzieht, sodass sämtliche Aromen eine harmonische Einheit bilden. Erst die Zugabe eines cremigen Elements versetzt die Sauce in die Lage, die Pasta oder das Gemüse in einer Weise zu überziehen, dass sie ohne zu tropfen im Mund ankommt und jeder Bissen ein Maximum an Geschmack bietet.

- **Vielschichtigkeit:** Die Kunst der vielschichtigen Aromen lässt sich durch ein cremiges Element noch steigern. Stellt euch eine üppige Samtsuppe mit einem Klecks gewürzter Sahne vor, die eine Extranote und ein optisch gefälliges Element beisteuert. Eine cremige Textur kann eine Brücke zwischen eigenwilligen Aromen bauen und einen harmonischen Gesamteindruck fördern, der alle Sinne erfreut.

- **Schärfe regulieren:** Cremigkeit ist eine echte Geheimwaffe, wenn es darum geht, das Feuer einer scharfen Zubereitung zu bändigen. Ein kühles, cremiges Element wirkt auf ein scharfes Curry wie ein Feuerlöscher, dazu bringt es eine füllige Komponente ins Spiel, die nicht nur den Gaumen beruhigt, sondern jede einzelne Geschmacksknospe mit Aroma versorgt.

- **Mundgefühl:** In neun von zehn Fällen ist das angenehme Mundgefühl der Grund, warum ich einer Zubereitung ein cremiges Element verordne. Cremigkeit verleiht einem Rezept einen Hauch von Luxus, darüber hinaus sorgt sie aber auch für die Komplexität, die vielleicht fehlt. Und schließlich: Eine samtige, zart schmelzende Pannacotta entzückt mich nicht etwa, weil sie einen edlen Namen trägt, sondern weil ihre Textur GENAU das ist, was ich mir unter edel vorstelle.

- **Das Spiel mit dem Kontrast:** Cremigkeit kann die Bühne für kontrastierende Texturen sein. Nehmen wir knusprige Crostini mit einem cremigen, würzigen Aufstrich oder die bereits erwähnten unscheinbaren Pommes mit Mayo. Die glatte, cremige Mayonnaise fängt den aggressiven Crunch der Pommes ab und macht die Sache zu einem mehrdimensionalen Genuss. Es beginnt mit einer Symphonie aus knusprigem Crunch, die in ein seidig-geschmeidiges Mundgefühl übergeht. Durch den gezielten Einsatz von Cremigkeit könnt ihr kontrastierende Texturen hervorheben. Nutzt Cremigkeit als Gegenpol zu »geräuschvollen« Texturen.

- **»Ach, wäre es nur cremiger«:** Was ich sagen will: Habt ihr erst einmal erkannt, wie simpel es ist, welcher Speise auch immer mittels Emulsion eine cremige Textur zu verleihen, und welche Möglichkeiten es eröffnet, dann wisst ihr, was ihr bei eurer nächsten Sauce zu tun habt. Püriert sie einfach im Mixer (vorausgesetzt, sie ist dazu geeignet) und träufelt langsam ein geschmacksneutrales Öl ein, wie Traubenkern- oder Avocadoöl, und ihr werdet erleben, wie sich eure Sauce in eine leuchtende Creme verwandelt, die an allem haftet, was euer Herz begehrt. Unter der Bedingung natürlich, die Sauce bringt die Voraussetzungen mit, die eine Emulsion mit Öl begünstigen, sei es die richtige Viskosität oder gegartes Gemüse. Wichtig ist, dass ihr experimentiert und mit den Optionen spielt, dann eröffnet sich eine ganz neue Welt.

Vorbereitung
10 Minuten

Garzeit
30 Minuten

Ergibt
4–6 Portionen

Ein-Pfund-Butter-Kartoffelpüree

Ich nenne es Ein-Pfund-Butter-Kartoffelpüree, denn das klingt spektakulär. Es ist eine Abwandlung des Kartoffelpürees à la Joël Robuchon, das wohl zu den köstlichsten Kartoffelgerichten der Welt zählt. Eine fantastische Art, ein edles Essen zu krönen. Cremig wird das Püree durch eine Emulsion aus Butter und Stärke, ein absoluter Hochgenuss.

- 1,6 kg vorwiegend festkochende Kartoffeln (ich nehme Yukon Gold), ungeschält (siehe **Anmerkung**)
- 455 g kalte Butter, in 1,3 cm große Würfel geschnitten
- 60 ml Vollmilch
- Salz nach Geschmack

1 Die Kartoffeln in einem großen Topf mit Wasser bedecken, bei mittlerer bis starker Hitze zum Kochen bringen und 25–30 Minuten garen, bis sie weich sind.

2 Die Kartoffeln abgießen, noch im heißen Zustand pellen und rasch durch die Kartoffelpresse in einen großen Topf drücken oder im Topf mit einem Kartoffelstampfer zerstampfen.

3 Den Topf bei mittlerer Hitze auf den Herd stellen, mit einem hitzebeständigen Spatel behutsam umrühren und 1 kleine Handvoll Butter zugeben. Die Butter unter Rühren schmelzen lassen, bis sie komplett in der Kartoffelmasse verschwunden ist. Anschließend weitere Butter zugeben und den Vorgang wiederholen, bis sämtliche Butter verbraucht ist.

4 Die Milch zugießen und das Püree glatt rühren. Mit Salz abschmecken und sofort servieren.

ANMERKUNG: *Die Kartoffeln sollten weder zu klein noch zu groß sein. Drillinge oder Fingerlinge würde ich für dieses Rezept nicht empfehlen, es sei denn, ihr scheut weder das Risiko, sie zu zerkochen, noch die Mühe, Dutzende dieser Winzlinge zu schälen.*

Butter-Chicken-Wings

Vorbereitung
15 Minuten

Garzeit
25 Minuten

Ergibt
3–4 Portionen

Butter-Chicken-Sauce

3½ EL (50 g) Ghee oder Butterschmalz

1 gelbe Zwiebel, fein gehackt

5 Knoblauchzehen, in feine Scheiben geschnitten

1 Stück Ingwer (2,5 cm), fein gehackt

1 TL (5 g) Salz

1 TL (5 g) gemahlener Kreuzkümmel

2 TL (7 g) Garam Masala

1 TL (2 g) gemahlener Koriander

1 TL (2 g) Kashmiri-Chilipulver

1 Dose gehackte Tomaten (400 g)

1 TL (4 g) Zucker

125 ml Hühnerbrühe

250 g Schlagsahne

1 TL (2 g) getrocknete Bockshornkleeblätter

115 g kalte Butter

Chicken Wings

1,1 kg Chicken Wings (ohne die Spitzen), im Gelenk durchtrennt

2½ TL (15 g) feines Meersalz

2 TL (12 g) frisch geriebener Ingwer

½ TL (3 g) gemahlener weißer Pfeffer

2 l Pflanzenöl zum Frittieren

180 g Speisestärke

Koriandergrün zum Garnieren

Die Sauce zum indischen Butter Chicken (Butterhuhn) zählt wohl zu den ausgewogensten und cremigsten, die ich kenne. Sie ist salzig, säuerlich, süß, duftig und umami, alles auf einmal, und gehört definitiv zur Crème de la Crème dieser Saucenfamilie. Ich liebe Chicken Wings und ich liebe Butter Chicken. Was soll ich sagen, manchmal muss man sich einfach über Traditionen hinwegsetzen. Was am Ende zählt: Es schmeckt verdammt gut, nennt es wie ihr wollt. Und wenn diese verteufelt saftigen Biester erst einmal vor mir stehen, lutsch ich noch den letzten Knochen aus.

1 In einer großen Schüssel die Chicken Wings rundherum in dem Salz, dem Ingwer und dem weißen Pfeffer wenden, bis sie vollständig davon bedeckt sind, dann zum Marinieren beiseitestellen.

2 Für die Sauce das Ghee in einem kleinen Topf bei mittlerer Hitze zerlassen. Sobald es heiß ist, Zwiebel, Knoblauch und Ingwer hineingeben, mit dem Salz würzen und unter gelegentlichem Rühren 3–5 Minuten anschwitzen, bis das Gemüse ganz weich ist.

3 Kreuzkümmel, Garam Masala, Koriander und Chilipulver zugeben und unter Rühren 25 Sekunden anrösten.

4 Die Tomaten, den Zucker und die Hühnerbrühe unterrühren, zum Köcheln bringen und 2–3 Minuten garen, bis sämtliches Gemüse ganz weich und die Mischung um ein Viertel bis knapp ein Drittel eingekocht ist. Die Sauce im Mixer auf hoher Stufe pürieren, bis sie ganz glatt ist.

5 Die Sauce zurück in den Topf gießen. Die Sahne und den Bockshornklee unterrühren und die Sauce 3–5 Minuten auf die gewünschte Konsistenz eindicken lassen. Den Topf vom Herd nehmen und unter ständigem Rühren die Butter einarbeiten, bis sie vollständig geschmolzen und mit der Sauce emulgiert ist. Die Sauce mit Salz abschmecken.

6 Das Pflanzenöl in einem großen Topf (5 Liter) bei mittlerer bis hoher Temperatur auf 165 °C erhitzen. In einer großen Schüssel die marinierten Chicken Wings portionsweise in der Speisestärke wenden. Überschüssige Stärke abschütteln und die Wings in dem heißen Öl 3–4 Minuten frittieren, bis sie auf den Punkt durchgegart, jedoch noch nicht gebräunt sind.

7 Die Chicken Wings aus dem Öl fischen und auf einem Gitter über einem Backblech abtropfen lassen. Die Temperatur des Öls auf 190 °C erhöhen, die Wings portionsweise wieder hineingeben und weiter 5–7 Minuten goldbraun und knusprig frittieren.

8 Die Chicken Wings in einer großen Schüssel anrichten, mit der Buttersauce übergießen, mit Koriandergrün garnieren und sofort servieren.

Tom Kha Gai

Vorbereitung
10 Minuten

Garzeit
20 Minuten

Ergibt
2 Portionen als Hauptgericht, 4 als Vorspeise

Jedes Mal, wenn ich mit meiner Frau zum Thailänder gehe, bestellt sie diese Suppe, jedes Mal. Mittlerweile geht es so weit, dass ich es bereits bestellt habe, bevor sie auch nur einen Ton sagt. Nicht, weil ich möchte, dass sie es isst, sondern um mit meinen Fähigkeiten als Gedankenleser anzugeben. Ebenso erfolgreich angeben kann man mit dieser Suppe. Sie ist umwerfend cremig, und mit ihrer herb-säuerlichen Note, ihrer milden Süße und einem kräftigen Hieb Umami-Würze ist sie auch superausgewogen.

- 2 Stängel Zitronengras
- 1 daumengroßes Stück Galgantwurzel (4 cm; siehe **Anmerkung**)
- 4 Kaffirlimettenblätter
- 475 ml Hühnerbrühe
- 450 g ausgelöste Hähnchenoberschenkel ohne Haut, in 2,5 cm große Würfel geschnitten
- 30 g getrocknete Shiitakepilze in Scheiben
- 500 ml Kokosmilch (Vollfettstufe; siehe **Anmerkung**)
- 4 Thai-Chilischoten, in feine Ringe geschnitten
- 1 TL (5 g) feines Meersalz
- 3 EL (36 g) Palmzucker, plus mehr nach Geschmack
- 3 EL (45 ml) Fischsauce, plus mehr nach Geschmack
- 5 Stängel Koriandergrün, plus mehr zum Garnieren
- 5 Stängel Thai-Basilikum, plus mehr zum Garnieren
- 3½ EL (53 ml) frisch gepresster Limettensaft, plus mehr nach Geschmack
- Chili-Öl zum Servieren
- gedämpfter Reis zum Servieren (nach Belieben)

1 Das Zitronengras mit einem Fleischklopfer oder einem schweren Topf weich klopfen, bis es aromatisch duftet. Anschließend schräg in Stücke schneiden und mit dem Galgant und den Kaffirlimettenblättern auf ein Stück Mull- oder Passiertuch (13 × 13 cm) legen. Die Aromaten in das Tuch einschlagen und mit Küchengarn fest verschnüren.

2 Die Hühnerbrühe in einem großen Topf (5 Liter) bei mittlerer bis hoher Temperatur zum Kochen bringen. Das Hähnchenfleisch und die Shiitakepilze hineingeben und bei schwacher Hitze 12–15 Minuten köcheln lassen, bis das Fleisch durchgegart ist.

3 Die Kokosmilch, das Säckchen mit den Aromaten sowie Thai-Chilis, Meersalz, Palmzucker und Fischsauce hinzufügen und bei schwacher bis mittlerer Hitze 5 Minuten durchziehen lassen.

4 Nach 5 Minuten den Topf vom Herd nehmen. Koriandergrün und Thai-Basilikum unterrühren und die Suppe weitere 5 Minuten ziehen lassen; anschließend die Kräuter und das Aromatensäckchen wieder herausnehmen. Den Limettensaft unterrühren und die Suppe mit Fischsauce und Palmzucker abschmecken.

5 Die Suppe in Schalen schöpfen, mit Koriandergrün und Thai-Basilikum garnieren und mit Chili-Öl abrunden. Nach Belieben gedämpften Reis dazu servieren.

ANMERKUNG: *Den Galgant könnt ihr durch Ingwer ersetzen, allerdings wird er das subtile Aroma, das Tom Kha Gai zu dem macht, was es ist, leicht verändern. Schaut einfach mal im nächsten Asia-Shop vorbei, viele Läden führen neben Ingwer auch Galgant.*

Die Kokosmilch sorgt bei dieser Suppe für die traumhaft cremige Konsistenz, dazu muss es aber unbedingt ein Vollfettprodukt sein.

Vorbereitung
15 Minuten

Garzeit
12–16 Minuten

Ergibt
4 Portionen

Frittierter Blumenkohl
mit Oliven-Dattel-Relish

Frittierter Blumenkohl ist eines der wohl am meisten unterschätzten Gerichte aller Zeiten. Er gehört zu den Dingen, zu denen ihr eine Million Mal »Nein« sagt, doch dann kommt das eine Mal, wenn ihr sagt: »Ich weiß nicht so recht, was ich nehmen soll, warum also nicht mal probieren.« Dieser Moment könnte und sollte jetzt gekommen sein. Ihr werdet es nicht bereuen.

Für die cremige Konsistenz ist nicht Fett, sondern die zarte Konsistenz des frittierten Blumenkohls selbst verantwortlich. Wenn man das Gemüse im Frittierbad ein wenig übergart, entwickelt es eine Textur, die in einer Weise die Definition von »Cremigkeit« liefert, wie man es nicht erwarten würde.

- 70 g Castelvetrano-Oliven (grüne Oliven aus Sizilien), entsteint und grob gehackt
- 4 Datteln, entsteint und fein gehackt
- 1 Serrano-Chili, von Samen befreit und fein gehackt
- 80 ml natives Olivenöl extra
- 1 TL (2 g) gemahlener Kreuzkümmel
- 1 EL (3 g) fein gehackte Petersilie
- 1 TL (2 g) fein gehackter Thymian
- 3½ EL (53 ml) frisch gepresster Zitronensaft, plus mehr nach Geschmack
- Salz nach Geschmack
- 2 l Pflanzenöl zum Frittieren
- 1 Blumenkohl, in Röschen geteilt
- Parmesan zum Servieren

1 In einer mittelgroßen Schüssel Oliven, Datteln, Chili, Olivenöl, Kreuzkümmel, Petersilie, Thymian, Zitronensaft und Salz nach Geschmack gründlich vermengen. Das Relish beiseitestellen.

2 Das Pflanzenöl in einem großen Topf mit schwerem Boden (5 Liter) bei mittlerer bis hoher Temperatur auf 190 °C erhitzen.

3 Die Blumenkohlröschen portionsweise in das heiße Öl geben, behutsam und nicht zu viele auf einmal, damit sie ausreichend Platz haben, und 3–4 Minuten frittieren, bis sie kräftig gebräunt und zu etwa 80 Prozent durchgegart sind.

4 Die Röschen mit einer Schaumkelle herausfischen, kurz über dem Topf abtropfen lassen und in eine mittelgroße Schüssel geben. Nach Geschmack mit Salz und Zitronensaft würzen und behutsam durchheben.

5 Den Blumenkohl auf einer Platte oder einem großen Teller verteilen und großzügig mit dem Relish überziehen. Mit gehobeltem Parmesan bestreuen und servieren.

Vorbereitung
15 Minuten

Garzeit
55 Minuten

Ergibt
2 Pasteten (8–10 Portionen)

Chicken Pot Pie

Ihre seidig-cremige Textur verdankt die Hähnchenpastete zweierlei Dingen: Sahne und einer kunstgerecht realisierten Mehlschwitze. Vor allem aber der Sahne. Ihr werdet feststellen, dass die Konsistenz nichts mit der gehaltvollen Füllung zu tun hat – und das liegt an der Mehlschwitze. Sie ergänzt den cremigen Eindruck eher, als ihn zusätzlich auf die Spitze zu treiben.

- 450 g vorwiegend festkochende Kartoffeln (ich nehme Yukon Gold), in 1,3 cm große Würfel geschnitten
- 3 mittelgroße Karotten, geschält und in 1,3 cm große Würfel geschnitten
- 3 Maiskolben
- 140 g Guanciale (ital. Speck), in 1,3 cm große Würfel geschnitten
- 1 gelbe Zwiebel, gewürfelt
- 2 Stangen Staudensellerie, gewürfelt
- 4 Knoblauchzehen, fein gehackt
- Salz und frisch gemahlener schwarzer Pfeffer nach Geschmack
- 170 g Butter, gewürfelt
- 150 g Mehl
- 750 ml Hühnerbrühe
- 250 ml Vollmilch
- 125 g Schlagsahne
- 4 Zweige Thymian
- 2 Lorbeerblätter
- 450 g gegartes Hähnchenfleisch, gewürfelt
- 120 g Erbsen (TK)
- 2 Pakete (4 Blätter) Blätterteig

1 Den Backofen auf 220 °C vorheizen.

2 Die Kartoffeln und die Karotten in einem Topf mit Wasser bedecken, bei mittlerer bis starker Hitze zum Kochen bringen und 3–5 Minuten garen, bis das Gemüse weich, jedoch nicht verkocht ist. Zum Abtropfen beiseitestellen. Die Maiskolben bei starker Hitze auf einem Grill oder direkt über der offenen Gasflamme rösten, bis sie rundherum gebräunt sind. Die Maiskörner ablösen und beiseitestellen.

3 Den Guanciale in einem großen Topf (5 Liter) bei schwacher bis mittlerer Hitze 5 Minuten auslassen, bis der Speck knusprig ist. Regelmäßig umrühren. Die Temperatur etwas erhöhen, Zwiebel, Sellerie und Knoblauch dazugeben, mit Salz und schwarzem Pfeffer würzen und das Gemüse etwa 3 Minuten anschwitzen, bis es weich ist. Ab und zu umrühren.

4 Die Butter zugeben. Sobald sie schäumt, das Mehl einrühren und unter Rühren 1 Minute anschwitzen. Die Brühe zugießen, umrühren, dann Milch, Sahne, Thymian und Lorbeer zugeben und die Mischung unter regelmäßigem Rühren aufkochen, bis sie eindickt. Den Topf vom Herd nehmen, Hähnchenfleisch, Mais, Erbsen sowie Kartoffeln und Karotten unterrühren und alles noch einmal erhitzen. Thymian und Lorbeer entfernen und die Pie-Füllung mit Salz und Pfeffer abschmecken.

5 Zwei Pie- oder Tarteformen (Ø 23 cm) mit Blätterteig auslegen. Den Teig sanft in die Formen drücken und den Rand so kürzen, dass ein wenig Überhang stehen bleibt. Sofort die heiße Füllung hineingeben und mit einem weiteren Stück Blätterteig zudecken. Den unteren Teigrand über den oberen falten und rundherum versiegeln. Die Teigdeckel mehrfach leicht einschneiden, damit der Dampf beim Backen entweichen kann, und die Pies sofort für 30–35 Minuten in den Ofen schieben.

6 Die Pies aus dem Ofen nehmen und vor dem Servieren 10 Minuten abkühlen lassen.

Vorbereitung
5 Minuten

Garzeit
3 Stunden 45 Minuten

Ergibt
6 Portionen

In Milch geschmorter Schweinenacken

Ist es nicht seltsam, dass ich dieses Gericht gern als Kind zubereitet habe? Soweit ich weiß, geht die Methode, Schweinefleisch in Milch zu schmoren, auf eine lange Tradition der italienischen Familienküche zurück. Diese Italiener wissen wirklich, was sie tun. Eine meiner Favoritinnen unter den Kochbuch-autorinnen, Marcella Hazan, hat mich auf dieses Gericht gebracht. Die Milch bringt diese üppige Cremigkeit hervor und sorgt nebenbei noch für eine schockierend köstliche, seidig-nussige Sauce, die außergewöhnlich gut zu Schweinefleisch passt. Glaubt mir.

Dieses Gericht scheint eher in die Abteilung »fett und gehaltvoll« zu gehören? Nun, die reduzierte Milch im Verbund mit dem Schweinefett ergibt eine wunderbar seidige, üppige Sauce, die mich in der Konsistenz an Tonkotsu Ramen erinnert. Und die würde ich als cremig bezeichnen. Für diesen Schmaus bieten sich zahlreiche Beilagen und Verwendungen an.

2½ EL (38 ml) Pflanzenöl
1,4–1,8 kg Schweinenacken
Salz und frisch gemahlener schwarzer Pfeffer nach Geschmack
475 g Schlagsahne
475 ml Vollmilch
2 Stängel Salbei
1 Knoblauchknolle, mit Schale quer halbiert
2 Schalotten, mit Schale geviertelt
2 Lorbeerblätter
abgeriebene Schale von 1 Bio-Zitrone
Petersilie oder andere frische Kräuter zum Garnieren
Zitronenspalten zum Servieren

1 Den Backofen auf 180 °C vorheizen.

2 Das Öl in einem großen Schmortopf (4,5–6,5 Liter) bei mittlerer bis hoher Temperatur erhitzen. Das Fleisch mit Küchenpapier oder einem Küchentuch möglichst trocken tupfen und von allen Seiten mit Salz und schwarzem Pfeffer würzen. Sobald das Öl heiß ist und fast zu rauchen beginnt, das Fleisch hineinlegen und von jeder Seite 2–3 Minuten anbraten, bis es kräftig gebräunt ist.

3 Das Fleisch wieder herausheben, die Sahne zugießen und den Bratensatz vom Topfboden losrühren. Die Milch zugießen, zum Kochen bringen und die Hitze so regulieren, dass die Mischung nur leicht siedet. Den Braten wieder in den Topf geben, den ausgetretenen Saft ebenfalls hineingeben. Salbei, Knoblauch, Schalotten und die Lorbeerblätter rundherum in der Sauce verteilen und das Fleisch zugedeckt im Ofen 3 ¼–3 ¾ Stunden schmoren, bis es butterweich und die Sauce schön eingedickt ist.

4 Den Braten aus der Sauce nehmen und beiseitestellen. Die Sauce auf dem Herd bei mittlerer bis starker Hitze einkochen lassen, bis sie den Rücken eines Löffels überzieht. Regelmäßig umrühren. Den Topf vom Herd nehmen, die Zitronenschale unterrühren und 2 Minuten ziehen lassen. Die Sauce durch ein Sieb passieren.

5 Den Schweinebraten in Stücke teilen, auf einer Platte anrichten und nach Lust und Laune mit der Sauce übergießen. Mit Petersilie und frisch gemahlenem schwarzem Pfeffer garnieren und sofort mit den Zitronenspalten zum Auspressen servieren.

Vorbereitung
10 Minuten

Garzeit
1 Stunde 20 Minuten

Ergibt
4 Portionen

Kürbisrisotto mit Pancetta und geröstetem Salbei

Damit Risotto cremig wird, muss nicht unbedingt Butter oder Käse im Spiel sein. Es ist das unablässige Umrühren, das Stärke aus den Reiskörnern löst, und damit für die perfekte Konsistenz sorgt.

- 1 kleiner Butternusskürbis
- Pflanzenöl nach Bedarf
- 1,3–1,5 l Hühnerbrühe
- 115 g Pancetta, gewürfelt
- 8 Salbeiblätter
- 1 kleine gelbe Zwiebel, fein gehackt
- 3 Knoblauchzehen, in feine Scheiben geschnitten
- Salz nach Geschmack
- 275 g Risottoreis (Arborio)
- 30 g kalte Butter
- Parmesan zum Servieren
- frisch gemahlener schwarzer Pfeffer nach Geschmack

1 Den Backofen auf 230 °C vorheizen. Ein Backblech mit Alufolie auslegen und leicht mit Pflanzenöl oder Backspray einfetten.

2 Den Kürbis längs halbieren und mit einem Löffel die Kerne herauslösen. Die Hälften großzügig mit Öl einreiben, mit der Schnittfläche nach unten auf das Blech legen und im Ofen 35–40 Minuten rösten, bis das Fruchtfleisch sehr weich ist.

3 Den Kürbis aus dem Ofen nehmen, das Fruchtfleisch herauslösen und im Mixer mit 120 ml Hühnerbrühe auf hoher Stufe pürieren, bis die Masse ganz glatt und samtig ist. Bei Bedarf weitere Brühe einarbeiten.

4 Die Pancetta in einem mittelgroßen Topf bei schwacher bis mittlerer Hitze auslassen, bis sie extraknusprig ist. Häufig umrühren. Mit einer Schaumkelle herausnehmen und auf Küchenpapier abtropfen lassen. Die Hitze auf mittlere Stufe erhöhen und in dem ausgelassenen Fett den Salbei 20–30 Sekunden knusprig rösten. Auf Küchenpapier abtropfen lassen.

5 In demselben Fett Zwiebel und Knoblauch 2–3 Minuten anschwitzen und leicht salzen (eventuell müsst ihr noch ein wenig Pflanzenöl zugeben, damit der Topfboden vollständig bedeckt ist).

6 In einem weiteren Topf die restliche Hühnerbrühe erhitzen und heiß stellen.

7 Den Reis zu Zwiebel und Knoblauch in den Topf geben und unter gelegentlichem Rühren 30 Sekunden anrösten. Unter ständigem Rühren etwa 80 ml heiße Brühe hineinschöpfen und köcheln lassen, bis der Reis die Flüssigkeit fast vollständig aufgenommen hat. Diesen Vorgang unter Rühren wiederholen, bis der Reis al dente ist – das dauert 20–25 Minuten. Geht die Brühe langsam zur Neige, weitere Brühe erhitzen falls nötig.

8 Etwa 500 g von dem Kürbispüree abnehmen, unter den Risotto ziehen und kurz erhitzen. Den Topf vom Herd nehmen und die kalte Butter unterziehen, bis sie geschmolzen und mit dem Risotto emulgiert ist.

9 Den Risotto auf Teller verteilen und von unten gegen den Tellerboden klopfen, sodass er sich ein wenig verteilt. Mit dem knusprigen Salbei, der Pancetta und geriebenem oder gehobeltem Parmesan garnieren und nach Geschmack mit schwarzem Pfeffer würzen. Sofort servieren.

Der perfekte Kartoffelsalat

Vorbereitung
30 Minuten

Garzeit
25 Minuten

Ergibt
4–6 Portionen

Kann ein Kartoffelsalat perfekt sein? Was man für perfekt hält, hängt sicherlich von den persönlichen Vorlieben ab. Doch wenn ihr den hier ausprobiert, werdet ihr nicht leugnen können, dass er an Cremigkeit und Ausgewogenheit kaum zu überbieten ist. Dank der Sauce, in der er badet, und der perfekt gegarten Kartoffeln.

1,4 kg kleine festkochende Kartoffeln (ich nehme Yukon Gold)
Salz nach Geschmack
175 g Mayonnaise
60 g Crème fraîche
1 EL (15 g) Dijonsenf
1 TL (5 ml) Worcestersauce
2 EL (30 ml) frisch gepresster Zitronensaft
1 EL (15 ml) Essig von den Dillgurken
1 Schalotte, fein gehackt
1 Dillgurke, fein gehackt
2 Knoblauchzehen, gerieben
2½ EL (10g) fein gehackte Petersilie, plus mehr zum Garnieren
2 EL (6 g) fein gehackter Dill, plus mehr zum Garnieren
frisch gemahlener schwarzer Pfeffer nach Geschmack
Röstschalotten oder Röstzwiebeln zum Servieren (nach Belieben)

1 Die Kartoffeln in einem großen Topf in gesalzenem Wasser bei mittlerer bis starker Hitze 20–25 Minuten garen, bis sie weich sind und sich mühelos mit einer Gabel einstechen lassen. (Je nach Größe der Kartoffeln benötigen sie etwas länger oder weniger lange.) Abgießen und abkühlen lassen, bis man die Kartoffeln wieder anfassen kann.

2 Die Kartoffeln pellen und für mindestens 10 Minuten in den Kühlschrank stellen oder bis sie vollständig erkaltet sind.

3 In einer großen Schüssel Mayonnaise, Crème fraîche, Dijonsenf, Worcestersauce, Zitronensaft, Dillgurkenessig, die Schalotte, die Dillgurke, den Knoblauch sowie Petersilie und Dill sorgfältig verrühren und mit Salz und schwarzem Pfeffer abschmecken.

4 Die Kartoffeln in mundgerechte Stücke schneiden und in das Dressing geben. Noch einmal leicht salzen und behutsam unter die Sauce heben, bis alles gleichmäßig vermengt und mit Dressing überzogen ist.

5 Den Kartoffelsalat in einer Schüssel oder auf einer Platte anrichten. Mit Kräutern und Röstzwiebeln (falls verwendet) garnieren und servieren.

Gemüsesalat

Vorbereitung
15 Minuten

Garzeit
entfällt

Ergibt
6–8 Portionen

Gemüse ist von Natur aus crunchy, doch ist es das cremige Dressing, das diesen Salat ausmacht. Als ob wir das nicht wüssten.

- 115 g Mayonnaise
- 60 g Crème fraîche
- 60 g Buttermilch
- 4 Knoblauchzehen, gerieben
- 2 EL (6 g) fein gehackter Dill, plus mehr zum Garnieren
- 1 EL (3 g) fein gehackte Petersilie
- ½ TL (2 g) Zwiebelpulver
- ½ TL (1 g) gemahlene Selleriesamen
- Salz und frisch gemahlener schwarzer Pfeffer nach Geschmack
- 3 große Karotten
- ½ Knollensellerie
- 2 Rote Bete (je 1 rote und 1 gelbe Knolle)
- 1 großer Kohlrabi
- 2 TL (10 ml) frisch gepresster Zitronensaft

1 In einer kleinen Schüssel Mayonnaise, Crème fraîche, Buttermilch, Knoblauch, Dill, Petersilie, Zwiebelpulver und die gemahlenen Selleriesamen verrühren. Das Dressing mit Salz und schwarzem Pfeffer abschmecken.

2 Karotten, Sellerie, Rote Bete und Kohlrabi schälen und in 7 mm dicke und 6,5–7,5 cm lange Stäbchen schneiden. Das Gemüse kurz in eine Schüssel mit Eiswasser legen, damit es knackig bleibt. Anschließend abgießen und trocken tupfen.

3 Die Gemüsestreifen in einer großen Schüssel mit dem Dressing und dem Zitronensaft vermengen. Mit weiterem Salz und Pfeffer abschmecken, falls nötig, mit Dill garnieren und sofort servieren.

Vorbereitung
10 Minuten

Garzeit
45–55 Minuten

Ergibt
6–8 Portionen

Gratin dauphinois

Ich weiß schon jetzt, dass sich viele von dem hochtrabenden französischen Küchenlatein abschrecken lassen werden. Lasst mich heute euer Angst-Coach sein. Wenn ihr etwas mit dem Begriff »Kartoffelgratin« anfangen könnt, dann wisst ihr, was euch hier erwartet. Falls nicht, dann willkommen in einem Märchenland aus Kartoffelscheiben, wo der Schmerz unbekannt ist. Es sei denn, ihr nehmt einen Bissen, sobald das Gratin aus dem Ofen kommt und noch so sengend heiß ist wie die Oberfläche der Sonne.

530 ml Vollmilch
530 g Schlagsahne
Salz und frisch gemahlener schwarzer Pfeffer nach Geschmack
1,1 kg vorwiegend festkochende Kartoffeln
3 Zweige Thymian, plus mehr zum Garnieren
4 Knoblauchzehen, grob gehackt
115 g geriebener Gruyère (Greyerzer)

1 Den Backofen auf 190 °C vorheizen und eine ofenfeste Form (23 × 33 cm) mit Backspray einsprühen.

2 Milch und Sahne in einem großen Topf bei mittlerer bis starker Hitze zum Kochen bringen. Sobald die Mischung aufwallt, die Hitze auf niedrige bis mittlere Stufe herunterstellen und Salz und schwarzen Pfeffer dazugeben. (Kräftiges Abschmecken ist sehr wichtig, denn die Milch-Sahne-Mischung liefert das geschmackliche Rückgrat für das Gratin.)

3 Die Kartoffeln schälen und in 3 mm dünne runde Scheiben schneiden. (Damit sie eine einheitliche Stärke haben, empfiehlt sich der Einsatz eines Gemüsehobels.) Die Kartoffeln und den Thymian in die leicht siedende Milch-Sahne-Mischung geben und etwa 5 Minuten leise köcheln lassen, bis sie nicht ganz gabelweich sind. Bei Bedarf noch etwas Salz zugeben.

4 Den Topf vom Herd nehmen, den Thymian herausfischen, den Knoblauch hineingeben und durch behutsames Schwenken des Topfes gleichmäßig verteilen.

5 Die Kartoffeln mit einer Schaumkelle vorsichtig herausheben und in die vorbereitete Form schichten. Achtgeben, dass sie nicht zerfallen. Nur so viel von der Sahnemischung zugießen, dass die Schichten eben bedeckt sind – etwa 500 g. Mit dem Käse bestreuen und im Ofen 30–40 Minuten backen, bis die Kartoffeln durchgegart sind und die Kruste goldbraun ist. Falls nötig, kurz unter dem Backofengrill gratinieren.

6 Das Kartoffelgratin vor dem Servieren 5 Minuten abkühlen lassen und mit abgezupften Thymianblättchen bestreuen.

Der perfekte Nudelauflauf

Vorbereitung
5 Minuten

Garzeit
40 Minuten

Ergibt
6–8 Portionen

Gewöhnlich verschwende ich keinen Gedanken an Nudelauflauf, aber wenn ich einen sehe ... Das geht mir jedes Mal so. Wenn es euch jetzt genauso geht, umso besser – Job erledigt. Diese überbackene Pasta ist cremiger Käseschmelz in Reinkultur. Mehr Luxus am Gaumen geht nicht in der Welt der amerikanisierten Käsepasta. Wirklich gut.

Salz nach Geschmack
450 g Hörnchennudeln
270 g mittelalter Cheddar, gerieben
270 g Raclette oder Gruyère (Greyerzer), gerieben
115 g Butter
75 g Mehl
750 ml Vollmilch
310 g Schlagsahne

1 Den Backofen auf 165 °C vorheizen. Eine ofenfeste Form (2,8 l) mit Backspray einfetten.

2 Einen großen Topf (6 Liter) zu drei Viertel mit Wasser füllen und bei mittlerer bis starker Hitze zum Kochen bringen. Das Wasser kräftig salzen, sobald es wieder kocht, die Pasta hineingeben und 1–2 Minuten kürzer garen als auf der Packung angegeben. Sie sollte nicht ganz al dente ein.

3 Die beiden Käsesorten in einer Schüssel vermengen und beiseitestellen.

4 Die gegarte Pasta in ein Sieb abgießen. In demselben Topf die Butter bei mittlerer Hitze zerlassen. Das Mehl dazugeben und unter Rühren 30 Sekunden anschwitzen.

5 Unter ständigem Rühren mit einem Schneebesen die Hälfte der Milch zugießen, bis die Mischung dick zu werden beginnt. Anschließend den Rest der Milch und die Sahne zugießen und unter Rühren aufkochen, bis die Sauce dick und glänzend ist.

6 Den Topf vom Herd nehmen, die Hälfte der Käsemischung unter die Sauce ziehen und 5 Minuten rühren, bis der Käse vollständig geschmolzen ist.

7 Die gegarte Pasta unter die Käsesauce ziehen, sodass sie vollständig bedeckt ist. Falls nötig, noch einmal nachwürzen. Sofort die Hälfte der Mischung in die vorbereitete Form füllen. Mit der Hälfte des restlichen Käses bestreuen, anschließend den Rest Pasta und Sauce einfüllen und mit dem verbliebenen Käse bestreuen.

8 Den Nudelauflauf im Ofen 15–20 Minuten goldbraun backen. Falls nötig, den Backofengrill einschalten, um die Oberfläche zu bräunen. Sofort heiß servieren.

Vorbereitung
5 Minuten, plus 1 Nacht

Garzeit
50 Minuten

Ergibt
4 Portionen

Crème brûlée mit Lavendel

Falls ihr euch noch nie an Crème brûlée gewagt habt, bin ich entschlossen, euch mit Nachdruck dazu aufzufordern.

- 500 g Schlagsahne
- 125 ml Vollmilch
- 1 Vanilleschote, längs aufgeschnitten
- 1 TL (3 g) getrocknete Lavendelblüten
- 1 Prise Salz
- 5 Eigelb
- 100 g Zucker, plus mehr zum Bestreuen

1 Den Backofen auf 165 °C vorheizen.

2 In einem mittelgroßen Topf Sahne, Milch, Vanilleschote, Lavendel und Salz vermengen und bei niedriger bis mittlerer Temperatur erhitzen, bis die Mischung dampft. Den Topf vom Herd nehmen und die Mischung weitere 3–4 Minuten ziehen lassen.

3 Das Eigelb in einer mittelgroßen Schüssel mit dem Zucker verquirlen. Durch ein Sieb teelöffelweise etwa ein Drittel der heißen Sahnemischung in das Eigelb träufeln und umrühren, bis die Masse leicht angewärmt ist. Anschließend die restliche Sahnemischung in die Schüssel passieren und sorgfältig unterrühren.

4 Die Eiercreme in vier ofenfeste Förmchen von 180 ml Fassungsvermögen gießen. Die Förmchen in eine Backform setzen und diese bis zur halben Höhe der Förmchen mit kochendem Wasser füllen. Die Form in den Ofen stellen und die Creme im Wasserbad 30–40 Minuten garen, bis sie eben gestockt ist. Aus dem Ofen nehmen und vollständig abkühlen lassen. Mit Frischhaltefolie zudecken und über Nacht in den Kühlschrank stellen.

5 Sobald serviert werden soll, die Cremes mit einer dünnen Schicht Zucker bestreuen – je etwa 1–2 TL (4–8 g) – sodass die Oberfläche vollständig bedeckt ist. Falls ihr mit einem Flambierbrenner arbeitet, mit der Flamme sanft über den Zucker fahren, bis er goldbraun karamellisiert ist. Oder die Cremes im Abstand von 5–7,5 cm unter den Backofengrill stellen und 3–5 Minuten karamellisieren. Vor dem Servieren etwas abkühlen lassen.

Vorbereitung
10 Minuten, plus 1 Stunde oder über Nacht kühlen

Garzeit
25 Minuten

Ergibt
10–12 Portionen

Tres Leches

Ich habe ein Problem mit Tres Leches. Die süße Verlockung aus drei Milchsorten darf nicht in meinem Kühlschrank stehen. Ich weiß nicht warum, aber meine Selbstkontrolle ist dahin, bis dieses Ding verschwunden ist. Entweder durch meine eigene Hand oder die eines echten Helden.

Kuchen
- 185 g Mehl
- 1 TL (5 g) Backpulver
- ½ TL (3 g) feines Meersalz
- 115 g weiche Butter
- 200 g Zucker
- 5 große Eier, raumtemperiert
- 2 Eigelb, raumtemperiert
- 1 TL (5 ml) Vanilleextrakt

Dreierlei Milch
- 375 ml Vollmilch
- 1 Dose gesüßte Kondensmilch (400 g)
- 1 Dose ungesüßte Kondensmilch (340 g)
- Mark von 1 Vanilleschote

Schlagsahne
- 625 g Schlagsahne
- 35 g Puderzucker
- gemahlener Zimt zum Bestreuen
- Himbeeren zum Garnieren

Für den Kuchen

1 Den Backofen auf 180 °C vorheizen. Eine Auflauf- oder Backform (23 × 33 cm) großzügig mit Backspray einfetten.

2 In einer mittelgroßen Schüssel das Mehl mit Backpulver und Meersalz vermengen.

3 In einer weiteren mittelgroßen Schüssel die Butter und den Zucker mit dem elektrischen Handrührgerät hellgelb und schaumig schlagen. Einzeln die Eier einarbeiten, dann Eigelb und Vanilleextrakt unterrühren. Die Mehlmischung in den Butter-Eier-Mix geben, alles gründlich miteinander vermengen und in die vorbereitete Form füllen.

4 Den Kuchen im Ofen 25–30 Minuten backen. Zur Garprobe mit einem Zahnstocher einstechen: Kommt er sauber wieder heraus, ist der Kuchen fertig. Vollständig abkühlen lassen.

Für die dreierlei Milch

1 In einer mittelgroßen Schüssel Vollmilch, Kondensmilch und Vanillemark gleichmäßig verrühren, bis die Mischung homogen ist. Den Kuchen mehrfach mit einer Gabel einstechen – möglichst bis zum Boden und ohne ihn zu zerstückeln. Den abgekühlten Kuchen mit der Milchmischung tränken.

2 Den Kuchen mit Frischhaltefolie zudecken und für mindestens 1 Stunde, am besten jedoch über Nacht, in den Kühlschrank stellen.

Für die Schlagsahne

1 Sobald serviert werden soll, die Sahne in einer Schüssel mit dem elektrischen Handrührgerät schlagen, bis die Masse dick zu werden beginnt. Den Puderzucker zugeben und weiterschlagen, bis die Sahne weiche Spitzen zieht.

2 Die Schlagsahne auf dem Kuchen verteilen. Den Kuchen mit Zimt bestreut und mit Himbeeren garniert sofort servieren. (Ihr könnt den getränkten Kuchen aber auch zugedeckt bis zu 2 Tage im Kühlschrank aufbewahren und erst zum Servieren fertigstellen.)

Flüssig

Was bedeutet flüssig?

Flüssig ... liquide ... klingt als wären wir in einem Finanz-Crash-Kurs. Ich glaube, wir alle können einem vor würziger Brühe triefenden Birria Taco etwas abgewinnen, oder einer wärmenden Schale Pho mit ihrem aromatischen Duft, der die Nase kitzelt. »Flüssig« ist die am meisten verkannte Textur überhaupt. Sie wird als solche nicht einmal wahrgenommen. Scheinbar betrachtet niemand Suppen als eigenständigen Texturtyp. Sie sind einfach da, dazu isst man sie nur zu gewissen Zeiten im Jahr. Soll wohl heißen, ich muss vor Kälte mit den Zähnen klappern, um ein leckeres Süppchen zu genießen? Keineswegs. Ich genehmige mir auch im Sommer gern mal eine Schale Ramen, und wenn sie gut ist, sagt ihr sicherlich auch nicht nein. Sich die Nahrung trinkend einzuverleiben, ist seit Menschengedenken ein beliebtes Ritual. Doch es braucht keinen Neandertaler, um zu kapieren, dass Flüssigkeiten in der Geschichte der Textur von großer Bedeutung sind.

Ich ordne eine Speise auf Grundlage ihrer primären Wahrnehmung der Kategorie »flüssig« zu. Werfen wir einen Blick auf besagte Birria Tacos (Seite 198). Sie bieten eine ganze Reihe von Texturen – bissfest, fettig und ein bisschen knusprig sind sie nämlich auch. Doch die eine Sache, die diese Tacos von den Aberhunderten anderer Tacos unterschiedlichster Füllungen, Tortillas, Techniken und Garmethoden unterscheidet, das ist die Brühe. Der Grund für die große Beliebtheit der Birria Tacos ist diese duftige, dunkelrote Brühe, in der Fettaugen, frisches Koriandergrün und kleine Zwiebelstückchen treiben. Ein kurzes, lustvolles Eintauchen genügt, und der appetitlich schimmernde Taco präsentiert sich wie der köstlichste eures Lebens. Und ich rede nur davon wie er aussieht. Ihr solltet erst einmal seine Textur erleben. An seiner Textur lässt sich festmachen, wie sehr eine Flüssigkeit alles verändern kann. Hier zeigt etwas Wirkung, das als Thema gar nicht zu existieren schien, und es macht deutlich, worauf ich hinauswill.

Speisen aus der Kategorie »flüssig« sind – keine Überraschung – feucht bis nass, aber sie versorgen auch andere Zutaten mit Feuchtigkeit. Sie rehydrieren sie, befeuchten Bissen für Bissen den kompletten Gaumen, und natürlich transportieren sie auch Geschmack. Dazu kann man sie in ausreichender Menge zu sich nehmen, sodass sie satt und zufrieden machen. Das sind nur die grundlegenden Merkmale von Speisen aus der Kategorie »flüssig«. Wenn ihr Lust habt, könnt ihr in eurer Suppe natürlich auch andere Texturen ins Spiel bringen, so wird sie zum multisensorischen Erlebnis. Aber wir sind uns wohl einig, dass nichts gegen eine blitzblanke Brühe spricht, in der absolut nichts schwimmt. Ich bin sogar überzeugt, dass sich nicht wenige gerade auf dieses letzte kleine Pfützchen Suppe in der Schale freuen. Die Einlage ist längst gegessen, alles was bleibt, ist dieses würzige Konzentrat, das man mit einer gewissen Andacht genießt und bis zuletzt aufbewahrt, als wäre es das Dessert. Es ist die Kombination aus konzentriertem Geschmack und genussvollem Schlürfen, das den Moment ausmacht. Auch wenn es dabei nicht immer ganz manierlich zugeht.

Was ist eine flüssige Textur?

Ist in Zusammenhang mit Speisen von »flüssig« die Rede, so sind fließfähige Zubereitungen gemeint, Brühen und Suppen gehören logischerweise dazu, aber auch beliebte semiflüssige Evergreens wie Smoothies, Milkshakes, Säfte und Pürees. Ich behaupte, es fallen noch andere Dinge in diese Kategorie, sofern die Texturkomponente, die unsere Aufmerksamkeit mehr als alles andere erregt, flüssig ist. Nehmen wir meine Taco-Story von vorhin. Ein Birria Taco schmeckt fabelhaft, doch was ihn so verlockend macht, ist weniger das zarte, fettreiche Fleisch darin. Es ist die dampfend heiße, würzige Brühe, in die wir die Tacos tunken. Und nach jedem Bissen erfolgt erneut der Griff zur Serviette, weil wir ganz nebenbei noch eine gehaltvolle Suppe essen. Man beißt hinein, und es ist das genaue Gegenteil von trocken. Der Happen ist so saftig, dass umgehend der nächste folgt. Dies ist für mich die prägende Textur, die Birria so besonders macht, und genau darum gehört sie in die Kategorie »flüssig«.

Hier ein paar Beispiele für die Wirkungsweise flüssiger oder saftiger Speisen und Getränke:

- **Temperatur:** Eine der ersten Wahrnehmungen beim Essen oder Trinken ist die Temperatur. Heiße Suppe und Brühe spendet Wärme und Wohlbehagen, dazu wirkt sie entspannend. Sicher könnten wir uns die sensorische Wahrnehmung näher anschauen, aber im Grunde liegen die Dinge doch ganz einfach, und wer wollte da widersprechen: Ein kalter Tag und eine heiße Suppe passen perfekt zusammen. Eine abgedroschene Stereotype, aber sie trifft nun mal zu. In der gleichen Weise spenden kalte Getränke und Suppen an heißen Tagen erquickende Erfrischung. Die Temperatur spielt sogar für die Freisetzung von Aromaverbindungen eine Rolle, was wiederum Auswirkungen auf den geschmacklichen Gesamteindruck hat. Will heißen: Heiße Suppen unterscheiden sich in Geschmack und Textur deutlich von kalten Suppen.

- **Aroma:** Allein der aromatische Dampf, den eine heiße Suppe verströmt, ist deutlich ausgeprägter als der eines heißen Sandwiches oder eines Backhähnchens. Heiße Suppe begrüßt euch zu 100 Prozent mit ihrem Duft. Die flüchtigen Verbindungen, die für den Duft verantwortlich sind, werden beim Erwärmen einer Speise freigesetzt, ganz besonders bei Suppen und Brühen. Das Aroma ist ein bedeutender Faktor der sensorischen Wahrnehmung insgesamt.

- **Geschmack:** Speisen mit einem höheren Flüssigkeitsgrad erreichen mit dem ersten Löffel oder Bissen den kompletten Gaumen und aktivieren jede einzelne Geschmacksknospe. Das ausbalancierte Zusammenspiel von süß, salzig, sauer, bitter und umami in der Flüssigkeit erzeugt ein harmonisches Geschmacksprofil, das je nach Zutaten und Zubereitung einfach oder komplex ausfallen kann.

- **Mundgefühl:** Die Textur und Viskosität flüssiger Zubereitungen und Getränke bestimmen ihr Mundgefühl. Rahmsuppen und Smoothies fühlen sich samtig und geschmeidig an, während klare Brühe und Saft schlanker und erfrischender wirken. Wie dick oder dünn eine Flüssigkeit ist, hat Auswirkungen auf ihre Wahrnehmung im Mund und auf den sensorischen Gesamteindruck.

Warum mögen wir flüssige Texturen, obwohl wir nie darüber reden?

Beginnen wir mit Suppe. Ihr Trumpf ist ihre wohltuende, stärkende Wirkung, wenn es uns nicht gut geht. Suppe liefert ein Maximum an Geschmack, in einer Form, die für jeden und in fast jedem Zustand bequem und einfach zu konsumieren ist. Sie ist fast so etwas wie der Erste-Hilfe-Kasten in der Küche. Man weiß, man ist am rechten Ort, wenn die Mahlzeit auf dem Tisch auch für ihre heilsame Wirkung gepriesen wird. Ich esse einfach eine Schale Pho, und mein Hausarzt kann mir gestohlen bleiben, schließlich bin ich gesund und munter. Wie cremige Speisen sind flüssige Zubereitungen extrem gute Geschmacksträger, dazu sind sie außerordentlich vielseitig. Aus unterschiedlichen Kombinationen von Zutaten lässt sich eine Vielzahl von Suppen und Eintöpfen realisieren, darunter Ramen, Chowders und ebenso preiswerte wie schmackhafte Bohneneintöpfe. Im Grunde könnt ihr nehmen, was immer euren persönlichen Vorlieben oder diätetischen Erfordernissen entspricht. (Falls es solche Erfordernisse gibt.) Ganz zu schweigen davon, dass sich vieles auch problemlos in größeren Mengen auf Vorrat zubereiten lässt. Suppe ist eine ungemein praktische Erfindung in der Welt des Kochens. Sie liefert am Ende fast immer mehr, als man zu Beginn hineingesteckt hat. Dazu ist sie im Gefrierfach fast unbegrenzt haltbar. Man versetzt ihren Geschmack darin gewissermaßen in eine Art Kälteschlaf.

Speisen mit einem flüssigen Element sind zudem erfrischend, wie das große Glas kalte Wasser an einem heißen Tag. Ein flüssiges Element verleiht allem, was von Natur aus eher trocken ist und ein bisschen »Saft« vertragen kann, eine frische Qualität. Ein Italian Beef Sandwich ist ein gutes Beispiel dafür. Ohne die heiße Brühe, in die man es tunkt, wäre es nicht dasselbe. Es profitiert ungemein von der heißen, salzigen Bouillon.

Vielleicht würde ja alles mit einer Schale Suppe besser schmecken. Darum reden wir ja darüber. Um etwas zu seinem Recht zu verhelfen, dem wir nicht den gebührenden Respekt zollen, und um zu begreifen, welche Magie darin steckt. Vereinfacht gesagt, eine der größten Stärken flüssiger Texturen ist ihre Fähigkeit, jede beliebige Form anzunehmen und denkbar alles flächendeckend mit Geschmack zu überziehen. Es ist eine Textur, die keine Grenzen kennt.

Wie man den Faktor »flüssig« nutzt:

- Um trockenen oder zu lange gegarten Speisen Feuchtigkeit zu spenden.
- Um einer Zubereitung ein frisches Element zu verleihen.
- Als Amuse-Bouche (kleine, würzige Vorspeise) als Auftakt zu einem Essen
- Um einer Zubereitung eine wohltuende, wärmende Komponente zu verleihen.
- Für jede Art von Suppe, ob nach traditionellem Rezept oder spontan improvisiert. (Dazu einfach mit einer Grundbrühe beginnen, das gewünschte Gemüse oder eine proteinhaltige Einlage zugeben und köcheln lassen. Fertig.)

HIER SEHT IHR, WIE RAUMGREIFEND GESCHMACK SEIN KANN. SICHER, EIN STEAK IST EIN AUSBUND AN KONZENTRIERTEM GESCHMACK ... DOCH IN DER WELT DER FLÜSSIGKEITEN KANN GESCHMACK JEDE FORM ANNEHMEN.

Abstufungen von »flüssig«

Birria Tacos

Vorbereitung
20 Minuten

Garzeit
3 Stunden 40 Minuten

Ergibt
8 Tacos

Ich bin mir darüber im Klaren, dass diese Tacos eine ganze Reihe von Texturtypen bedient. Sie haben Biss, sie sind fettig … doch was sie mehr als alles andere charakterisiert, ist die dampfend heiße Brühe, in die man sie zwanglos taucht. Es ist die Kombi aus fest und flüssig, die sie so besonders macht.

- 680 g Ochsenschwanz
- 1 kg Querrippe
- 680 g ausgelöster Rindernacken
- Salz und frisch gemahlener schwarzer Pfeffer nach Geschmack
- 2 EL (30 ml) Pflanzenöl
- 1 gelbe Zwiebel, grob gehackt
- 2 Knoblauchknollen, quer halbiert
- 2 EL (20 g) Tomatenmark
- 2 Lorbeerblätter
- 1 EL (10 g) schwarze Pfefferkörner
- 1½ TL (5 g) Kreuzkümmelsamen
- 1 Zimtstange
- 4 Stängel Oregano
- 2,5 l Rinderbrühe
- 2 Ancho-Chilis
- 3 Guajillo-Chilis
- 3 Chile-de-Árbol-Chilis
- 1 kleine Prise Zucker
- 8 Maistortillas zum Servieren
- 220 g Oaxaca-Käse, gerieben
- 1 Limette, in Spalten geschnitten, zum Servieren
- gehacktes Koriandergrün zum Servieren (nach Belieben)

1 Ochsenschwanz, Querrippe und Rindernacken mit Küchenpapier trocken tupfen, dann mit Salz und schwarzem Pfeffer würzen.

2 In einem großen Schmortopf (6 l) das Öl bei mittlerer bis hoher Temperatur erhitzen. Sobald es flimmert und eben zu rauchen beginnt, sämtliches Fleisch portionsweise von jeder Seite etwa 2 Minuten anbraten, bis es rundherum kräftig gebräunt ist. Herausnehmen und auf einem Teller beiseitestellen.

3 Die Zwiebel und den Knoblauch in den Topf geben und anschwitzen. Das Tomatenmark unterrühren und weitere 3–4 Minuten anrösten, bis die Mischung zu karamellisieren beginnt.

4 Lorbeerblätter, Pfefferkörner, Kreuzkümmelsamen, Zimtstange und Oregano in ein kleines Stück Mulltuch einschlagen und mit Küchengarn fest verschnüren.

5 Die Brühe in den Topf gießen, zum Kochen bringen und das Gewürzsäckchen hineinlegen. Das angebratene Fleisch (samt dem Saft auf dem Teller) sowie sämtliche Chilischoten hineingeben. Den Deckel auflegen und das Fleisch bei schwacher Hitze 2½–3 Stunden garen, bis es ganz zart ist.

6 Sobald das Fleisch gar ist, das Gewürzsäckchen herausnehmen und wegwerfen. Mit einer Küchenzange die Chilis herausfischen, in den Mixer geben und 475 ml der Brühe zugießen (achtgeben, dass keine Knochen mit hineingeraten). Das Fleisch in eine große, hitzebeständige Schüssel geben.

7 Die Chilis im Mixer auf hoher Stufe pürieren, bis alles ganz glatt ist. Zurück in den Topf gießen und mit Salz und 1 Prise Zucker würzen.

8 Das noch warme Fleisch von den Knochen lösen und in möglichst feine Stücke zupfen. (Das Fett nicht wegwerfen – mischt es unter das zerkleinerte Fleisch.) Falls nötig, 1 kleinen Schuss von der Brühe unter das Fleisch mengen, leicht salzen und alles sorgfältig vermengen.

9 Ihr könnt die Tacos jetzt fertigstellen, indem ihr die erwärmten Tortillas mit Fleisch und Käse füllt und die Brühe dazu serviert. Ich empfehle jedoch, richtige Birria Tacos (*quesatacos* genannt) daraus zu machen.

10 Eine große, schwere Pfanne großzügig mit Backspray einsprühen und bei mittlerer Temperatur erhitzen. Sobald sie heiß ist, eine Tortilla in die Brühe tauchen, dann in die Pfanne legen. Auf die eine Hälfte die gewünschte Menge Fleisch und 1 kleine Handvoll geriebenen Käse geben. Die andere Tortillahälfte darüberschlagen – sieht aus wie eine Mini-Quesadilla – und in der Pfanne braten, bis der Käse zerläuft und die Unterseite der Tortilla goldbraun und knusprig ist. Wenden und die andere Seite braten, bis sie ebenfalls knusprig und der Käse vollständig geschmolzen ist.

11 In dieser Weise die gewünschte Zahl Birria Tacos backen (mit ein bisschen Geschick kann man je nach Pfannengröße auch mehrere auf einmal backen). Mit Limettenspalten zum Auspressen servieren und für jeden eine kleine Schale mit Brühe dazu reichen. Wer mag, gibt gehackten Koriander in die Brühe.

Vorbereitung
15 Minuten

Garzeit
30 Minuten

Ergibt
4–6 Portionen

Spargelsuppe

Ich dachte immer, Spargel hätte nicht viel Geschmack. Warum ihn also in flüssiger Form essen, richtig? Ist es nicht seine Textur, die gegrillten oder sautierten grünen Spargel zum Genuss macht? Gerade das macht es so reizvoll, etwas wie diesen Spargel zu verflüssigen. Es zwingt uns dazu, uns auf die delikaten Aromen zu konzentrieren, die wir gern übersehen, wie die für dieses Gemüse typischen frischen, zarten grünen Noten. Dieses Rezept könnte euer Leben verändern – zumindest in Spargelsachen.

- 900 g grüner Spargel
- 3½ EL (50 g) Butter
- 2 Schalotten, fein gehackt
- 3 Knoblauchzehen, fein gehackt
- Salz nach Geschmack
- 1,3 l Hühnerbrühe
- 180 g Crème fraîche, plus mehr zum Servieren
- frisch gepresster Zitronensaft nach Geschmack
- natives Olivenöl extra zum Beträufeln
- frisch gemahlener schwarzer Pfeffer nach Geschmack
- 1 Handvoll Dill zum Garnieren
- 4 TL Schnittlauchröllchen zum Garnieren

1 Die Spitzen (etwa 5 cm) von 8 Spargelstangen abschneiden, längs halbieren und für die Einlage zur Seite legen. Den restlichen Spargel in 1,3 cm große Stücke schneiden.

2 Die Butter in einem mittelgroßen Topf mit schwerem Boden bei mittlerer Hitze zerlassen. Schalotten und Knoblauch hineingeben, salzen und 4 Minuten anschwitzen, bis sie weich sind. Regelmäßig umrühren.

3 Die Spargelstücke hinzufügen und unter Rühren 4–5 Minuten anschwitzen, bis sie weich zu werden beginnen. Die Brühe zugießen und den Spargel 18 Minuten garen, bis er ganz weich ist.

4 Die Suppe in zwei bis drei Portionen in den Standmixer schöpfen und pürieren, bis sie ganz glatt ist. Die pürierten Portionen in eine große Schüssel gießen. Wenn die gesamte Suppe püriert ist, alles zurück in den Topf gießen, mit Salz würzen und die Crème fraîche unterrühren. Zunächst 1 TL Zitronensaft zugeben und gegebenenfalls mit weiterem Zitronensaft abschmecken.

5 Die Spargelspitzen für die Einlage in einer kleinen Schüssel mit Zitronensaft, Salz und nativem Olivenöl extra nach Geschmack würzen.

6 Die heiße Suppe in Schalen schöpfen. Jeweils einige Spargelspitzen und einen kleinen Klecks Crème fraîche hineingeben. Mit Dill und Schnittlauch garnieren, mit schwarzem Pfeffer abrunden und servieren.

Vorbereitung
10 Minuten

Garzeit
1 Stunde 5 Minuten

Ergibt
6 Portionen

Extrakräftige Dashi-Brühe

830 ml Wasser
475 ml Hühnerbrühe
1 großes Stück Kombu
40 g Bonitoflocken

Misosuppe

2 EL (30 g) Butter
2 mittelgroße milde Zwiebeln, in dünne Streifen geschnitten
1 Prise Zucker
Salz nach Geschmack
115 g frische Shiitakepilze, in dünne Scheiben geschnitten
100 g Misopaste
2 Frühlingszwiebeln, in Streifen geschnitten
200 g weicher Tofu, gewürfelt

Misosuppe
mit karamellisierten Zwiebeln

Wenn ihr Misosuppe mögt, macht euch darauf gefasst, dass ihr nie wieder eine andere als diese wollt.

1 Für die Dashi-Brühe in einem mittelgroßen Topf das Wasser mit der Hühnerbrühe und dem Kombu bei niedriger bis mittlerer Temperatur erhitzen. Die Hitze so regulieren, dass die Mischung nicht aufkocht, und 10 Minuten ziehen lassen.

2 Den Kombu nach 10 Minuten herausnehmen und wegwerfen. Die Bonitoflocken hineingeben, die Dashi-Brühe kurz aufkochen und dann bei schwacher Hitze 30 Sekunden leise köcheln lassen. Den Topf vom Herd nehmen, die Bonitoflocken weitere 8 Minuten ziehen lassen, anschließend die Brühe durch ein feines Sieb in eine große, hitzebeständige Schüssel gießen. Die Bonitoflocken gut ausdrücken und wegwerfen.

3 Für die Misosuppe die Butter in einem mittelgroßen Topf bei mittlerer Hitze zerlassen. Die Zwiebeln hineingeben, mit dem Zucker und etwas Salz würzen und 5 Minuten unter Rühren anschwitzen. Anschließend die Zwiebeln bei schwacher bis mittlerer Hitze weitere 25 Minuten weiterbraten, bis sie goldbraun karamellisiert sind. Regelmäßig umrühren. (Falls die Mischung anzusetzen droht, 1 Schuss Wasser zugeben.)

4 Die Shiitakepilze mit ein wenig Salz zu den karamellisierten Zwiebeln geben und bei mittlerer Hitze 3 Minuten garen, bis die Pilze weich sind. Die Dashi-Brühe zugießen und alles noch einmal erhitzen.

5 Ein feines Sieb auf den Topf setzen, das Miso hineingeben und durch das Sieb in die Brühe passieren, dabei mit einem Schneebesen energisch rühren, bis es zum größten Teil eingearbeitet ist. (Die im Sieb verbliebenen körnigen Reste wegwerfen.) Die Suppe heiß stellen, jedoch nicht mehr aufkochen. Die Frühlingszwiebeln und den Tofu dazugeben und die Suppe sofort servieren.

Vorbereitung
10 Minuten

Garzeit
2 Minuten

Ergibt
2 Portionen

Milkshake im Diner-Stil

Dieser Milkshake schmeckt wie der aus dem Film *Der Gigant aus dem All*, den ich immer probieren wollte. Wer den Film kennt, weiß Bescheid.

Milkshake

- 225 g **Cortado-Eiscreme** (Seite 110; oder Vanilleeis)
- 3½ EL (50 ml) Vollmilch
- 2½ EL (40 ml) **Selbst gemachte Schokoladensauce** (siehe unten)
- 2 EL (15 g) Malzmilchpulver
- Schokolade zum Garnieren
- Maraschinokirschen (ich nehme Luxardo) zum Garnieren

Selbst gemachte Schokoladensauce

- 55 g reines Kakaopulver
- 150 g Zucker
- 50 g brauner Zucker
- ¼ TL (1 g) feines Meersalz
- 125 ml Wasser
- 2 TL (10 ml) Vanillepaste oder Vanilleextrakt

Schlagsahne

- 250 g kalte Schlagsahne
- 3 EL Zucker

1 Für die Schokoladensauce in einem mittelgroßen Topf das Kakaopulver mit den beiden Zuckersorten, dem Salz und dem Wasser verquirlen, dann bei mittlerer bis starker Hitze zum Kochen bringen und anschließend bei schwacher Hitze unter ständigem Rühren noch 30–45 Sekunden erhitzen. Vom Herd nehmen, die Vanillepaste unterrühren und die Sauce zum Abkühlen beiseitestellen.

2 Für die Sahnehaube die Schlagsahne in einer Schüssel mit dem elektrischen Handrührgerät aufschlagen und dabei esslöffelweise den Zucker einarbeiten, bis die Sahne steif ist und weiche Spitzen stehen bleiben.

3 Für den Milkshake das Eis, die Milch, die Schokoladensauce und das Malzmilchpulver in den Mixer geben und auf hoher Stufe mixen, bis die Mischung glatt ist. Nach Geschmack weitere Schokoladensauce untermixen.

4 Den Milkshake in Gläser füllen und mit einer Sahnehaube krönen. (Oder die Schlagsahne in einen Spritzbeutel mit Sterntülle füllen und die Milkshakes mit einer Sahnerosette garnieren.) Mit fein geriebener Schokolade und einer Maraschinokirsche dekorieren und sofort genießen!

Mein Lieblings-Smoothie

Vorbereitung
10 Minuten

Garzeit
entfällt

Ergibt
etwa 625 ml

Natürlich ist schwer zu beweisen, dass dies wirklich der beste Smoothie aller Zeiten ist. So etwas gibt es schlicht nicht. Darum soll er euch eher als eine Art Standardmodell dienen, das ihr nach Herzenslust mit allen möglichen Früchten abwandeln könnt. Macht daraus einfach euren eigenen Lieblings-Smoothie.

1 mittelgroße Banane, geschält und eingefroren
200 g Ananasstücke (TK)
10 g Ingwer
175 ml Orangensaft
118 ml kaltes Wasser
Honig oder Ahornsirup zum Süßen (nach Belieben)
2 EL (20 g) geröstete Mandeln, sehr fein gehackt, plus mehr zum Garnieren
1 EL (6 g) geröstete Kokosraspel
frische Bananenscheiben zum Garnieren (nach Belieben)
frische Ananasstücke zum Garnieren (nach Belieben)

1 Banane, Ananasstücke und Ingwer mit dem Orangensaft und dem Wasser in den Mixer geben und glatt pürieren. Nach Belieben mit Honig oder Ahornsirup süßen und noch einmal mixen.

2 Mandeln und Kokosraspel in ein großes Glas geben.

3 Das Glas mit dem Smoothie auffüllen. Nach Belieben mit Bananenscheiben und Ananasstücken garnieren und mit weiteren gehackten Mandeln bestreuen.

Vorbereitung
5 Minuten

Garzeit
15 Minuten

Ergibt
2 Portionen

Das perfekte Steak für zwei

Ein Steak ist an sich schon etwas Besonderes, und oft denke ich, eigentlich braucht es keine Sauce dazu. Doch jedes Mal, wenn ich eine leckere Sauce zaubere, wie diese Kapernsauce aus der Pfanne, stelle ich fest, dass genau sie den Unterschied zwischen einem ganz ordentlichen und einem unvergesslichen Steak macht.

- 3 EL (45 ml) Pflanzenöl, plus mehr nach Bedarf
- 2 Rumpsteaks (je etwa 2,5–3,8 cm dick)
- Salz und frisch gemahlener schwarzer Pfeffer nach Geschmack
- 1 kleine Schalotte, fein gehackt
- 2 Knoblauchzehen, fein gehackt
- 60 ml Rotwein
- 125 ml kräftige Rinderbrühe
- 3 Zweige Thymian
- 2 EL (28 g) kalte Butter
- 3 EL (36 g) Kapern
- Meersalzflocken zum Bestreuen
- 2 EL (6 g) fein geschnittener Schnittlauch

1 In einer großen Pfanne (Ø 30 cm) das Öl bei mittlerer bis hoher Temperatur erhitzen. Die Steaks mit Küchenpapier sorgfältig trocken tupfen, dann kräftig mit Salz und schwarzem Pfeffer würzen.

2 Sobald das Öl flimmert und eben zu rauchen beginnt, die Steaks in die Pfanne legen und von jeder Seite 2–3 Minuten braten – sind sie etwa 2,5 cm dick, sollten sie anschließend *medium-rare* sein und eine Kerntemperatur von 60 °C haben. Sind sie noch zu blutig, die Hitze etwas reduzieren und die Steaks unter häufigem Wenden weiterbraten, bis sie *medium-rare* oder wie gewünscht sind. Aus der Pfanne nehmen und auf einem Brett ruhen lassen.

3 Die Hitze auf mittlere Stufe stellen, Schalotte und Knoblauch in die Pfanne geben und 3–4 Minuten anschwitzen, bis sie weich sind. (Ist die Pfanne zu trocken, 1 EL Pflanzenöl dazugeben.) Mit Rotwein und Brühe ablöschen und den Thymian dazugeben. Bei mittlerer bis starker Hitze zum Kochen bringen und den Bratensatz vom Boden der Pfanne losrühren. Die Sauce 3–4 Minuten reduzieren, bis sie eindickt und den Rücken eines Löffels überzieht.

4 Die Pfanne vom Herd nehmen und die Butter hineingeben. Ständig umrühren, bis die Butter vollständig geschmolzen und die Sauce emulgiert ist. Die Sauce durch ein feines Sieb in eine Schüssel passieren, falls nötig, mit weiterem Salz abschmecken und die Kapern unterrühren.

5 Die Steaks auf Teller verteilen (ganz oder tranchiert) und die Sauce über das Fleisch geben. Mit 1 Extraprise Pfeffer und Meersalzflocken bestreuen und mit Schnittlauch garnieren. Dazu eine Beilage eurer Wahl servieren.

Joshs Jungle Juice

Vorbereitung
1 Stunde, plus mindestens 3 Stunden Ruhezeit

Garzeit
entfällt

Ergibt
15 Liter

- 3,8 l frisch gepresster Orangensaft
- 3,8 l Ananassaft
- 950 ml frisch gepresster Zitronensaft
- 950 ml frisch gepresster Limettensaft
- 1 Flasche (750 ml) Mezcal
- 125 ml Campari
- 1½ TL (7 g) Räuchersalz
- 4 Kaffirlimettenblätter, von Hand zerdrückt
- 950 ml kaltes Sodawasser
- 1 Bio-Orange, in Scheiben geschnitten
- 1 Bio-Limette, in Scheiben geschnitten
- 1 Bio-Zitrone, in Scheiben geschnitten
- 150 g frische Ananas, gewürfelt

Das ist ein Partygetränk. Ihr wisst, was zu tun ist.

1 In einem großen Getränkespender oder einer riesigen Bowlenschüssel, die mindestens 15 Liter fasst, Orangensaft, Ananassaft, Zitronensaft, Limettensaft, Mezcal, Campari, Räuchersalz und Kaffirlimettenblätter verrühren.

2 Mit Frischhaltefolie zudecken und mindestens 3–4 Stunden, am besten jedoch über Nacht, kalt stellen. (Je länger die Mischung durchzieht, desto kräftiger wird das Kaffirlimetten-Aroma.) Nicht länger als 24 Stunden durchkühlen lassen.

3 Behutsam das Sodawasser unterrühren und die Orangen-, Limetten- und Zitronenscheiben sowie die Ananaswürfel hineingeben.

4 Gut gekühlt in Gläsern auf Eis servieren.

Minestrone

Vorbereitung
15 Minuten

Garzeit
40 Minuten

Ergibt
3 Liter

Irgendwie habe ich es nur einmal geschafft, Minestrone zu kochen. Und das ging so.

- 2 EL (30 ml) natives Olivenöl extra
- 85 g Guanciale (ital. Speck), gewürfelt
- 3 mittelgroße Karotten, geschält und gewürfelt
- 1 große gelbe Zwiebel, gewürfelt
- 5 Knoblauchzehen, in dünne Scheiben geschnitten
- 3 Stangen Staudensellerie, gewürfelt
- Salz und frisch gemahlener schwarzer Pfeffer nach Geschmack
- 1 große Dose gehackte Tomaten (800 g)
- 1 große vorwiegend festkochende Kartoffel, geschält und in 1,3 cm große Würfel geschnitten
- 2 l Hühnerbrühe
- ½ TL (3 g) gemahlene Fenchelsamen
- 4 Stängel Oregano
- 135 g kleine Hörnchennudeln
- 1 Dose weiße Bohnen (400 g) abgetropft
- 25 g fein gehackte Petersilie, plus mehr zum Garnieren
- Parmesan zum Servieren

1 In einem großen Topf Olivenöl und Guanciale vermengen und den Speck bei schwacher bis mittlerer Hitze 7–10 Minuten auslassen, bis er gebräunt und knusprig ist.

2 Karotten, Zwiebel, Knoblauch und Sellerie in den Topf geben, mit Salz und schwarzem Pfeffer würzen und bei mittlerer Hitze unter häufigem Rühren 4 Minuten anschwitzen, bis das Gemüse weich zu werden beginnt.

3 Tomaten, Kartoffel, Hühnerbrühe, gemahlenen Fenchelsamen und Oregano untermengen, alles zum Kochen bringen und zugedeckt bei schwacher Hitze 15 Minuten garen, bis die Kartoffelwürfel sich mit einer Gabel leicht einstechen lassen.

4 Die Pasta und die weißen Bohnen unter die Suppe rühren und das Ganze weitere 10 Minuten köcheln lassen, bis die Pasta gar ist.

5 Die Oreganostängel herausnehmen. Die Petersilie unterrühren und die Suppe mit Salz und Pfeffer abschmecken. Die Minestrone in Schalen schöpfen, mit Petersilie garnieren und mit frisch geriebenem Parmesan bestreut servieren.

Matzeknödelsuppe

Vorbereitung
1 Stunde 10 Minuten

Garzeit
1 Stunde 25 Minuten

Ergibt
2,4 Liter

Wie euch mein Nachname vielleicht verrät, darf ich dieses Rezept auf keinen Fall vermasseln. Diese Suppe ist der beste Weg, jemanden mit der jüdischen Küche bekannt zu machen, und sie hat einen besonderen Platz in meinem Herzen. Ich zeige euch hier, wie man die Matzen für die Knödel selbst macht, aber das muss nicht unbedingt sein.

4 große Eier

5 EL (60 g) ausgelassenes Hühnerfett

1 TL (5 g) Salz, plus Salz nach Geschmack

½ TL (2 g) Backpulver

60 g **Selbst gemachtes Matzemehl** (siehe unten, oder gekauftes)

3 EL (45 ml) Wasser

3,8 l Hühnerbrühe (selbst gemacht)

2–3 EL (30–45 ml) Pflanzenöl

4 Hähnchenkeulen mit Haut

1 mittelgroße gelbe Zwiebel, gewürfelt

frisch gemahlener Pfeffer nach Geschmack und zum Garnieren

5 Salbeiblätter

3 Zweige Thymian

1 Lorbeerblatt

2 mittelgroße Karotten, gewürfelt

3 Stangen Staudensellerie, gewürfelt

Dill zum Garnieren

Petersilie zum Garnieren

Selbst gemachtes Matzemehl

325 g Mehl, plus Mehl zum Verarbeiten

½ TL (3 g) feines Meersalz

300 ml Wasser

Für das selbst gemachte Matzemehl

1 Den Backofen auf 245 °C vorheizen und zwei Backbleche mit Backpapier auslegen.

2 In einer mittelgroßen Schüssel Mehl und Salz vermengen, dann das Wasser unterrühren. Den Teig 3–4 Minuten durchkneten, bis er glatt ist. In zehn gleich große Stücke teilen und jedes Teigstück so dünn wie möglich ausrollen. Bei Bedarf mit weiterem Mehl bestreuen.

3 Die Teigfladen auf die vorbereiteten Bleche verteilen, sodass sie sich nicht berühren, und mit den Zinken einer Gabel über die gesamte Fläche einstechen. Im Ofen 7–10 Minuten backen und anschließend auf einem Gitter vollständig abkühlen lassen. (Falls es mehr als zwei Bleche werden, jeweils ein Blech backen, während ihr schon mal das nächste vorbereitet.)

4 Die abgekühlten Matzen sollten trocken und knusprig sein. Anschließend im Mixer so fein wie möglich zerkleinern.

Für die Suppe

1 In einer Schüssel die Eier mit dem zerlassenen Hühnerfett verquirlen. (Achtgeben, dass das Fett nicht zu heiß ist, sonst gerinnen die Eier.) Das Salz und das Backpulver unterrühren und anschließend das Matzemehl einarbeiten, bis die Mischung ganz glatt ist. Das Wasser zugeben und erneut glatt rühren. Die Schüssel mit Frischhaltefolie zudecken und für 30 Minuten in den Kühlschrank stellen.

2 Inzwischen 1,4 Liter der Hühnerbrühe in einen Topf gießen und beiseitestellen. Das Pflanzenöl in einen zweiten Topf geben – der Boden sollte bedeckt sein. Das Öl bei mittlerer bis hoher Temperatur erhitzen. Sobald es ganz heiß ist, die Hähnchenkeulen mit der Haut nach unten hineinlegen und von jeder Seite 2–3 Minuten kräftig bräunen. Herausnehmen und die Hitze auf mittlere Stufe reduzieren. Die Zwiebel hineingeben, salzen und 2 Minuten anschwitzen. Mit den restlichen 2,4 Liter Hühnerbrühe aufgießen und den Inhalt beider Töpfe mit Salz und schwarzem Pfeffer würzen.

3 Die Brühe mit der Zwiebel zum Kochen bringen und bei schwacher Hitze leise köcheln lassen. Die Hähnchenkeulen wieder hineinlegen und Salbei, Thymian und Lorbeer unter die Brühe rühren.

4 Sobald der Matzeknödelteig startbereit ist, die 1,4 Liter Brühe in dem anderen Topf zum Kochen bringen und die Hitze so regulieren, dass sie nur leicht siedet. Die Hände befeuchten und aus dem Teig kleine Knödel von 2,5 cm Durchmesser formen und in die siedende Brühe geben. Beide Töpfe zudecken und alles 1 Stunde garen.

5 Etwa 15 Minuten vor Ende der Garzeit die Karotten und den Sellerie zu dem Hähnchen in den Topf geben und in der Brühe garen.

6 Die Hähnchenkeulen und die Kräuter aus der Brühe nehmen; die Kräuter wegwerfen. Die Keulen auf ein Brett legen, das Fleisch ablösen und mithilfe zweier Gabeln in kleine Stücke teilen. Das Fleisch wieder in die Suppe geben, Knochen und Haut wegwerfen.

7 Mit einer Schaumkelle je drei Matzeknödel in die Suppenschalen geben und die Suppe samt Fleisch und Gemüse darüberschöpfen. Mit Dill und Petersilie sowie gemahlenem schwarzem Pfeffer garnieren und servieren.

Caldo de Res

Vorbereitung
10 Minuten

Garzeit
3 Stunden 30 Minuten

Ergibt
4,8 Liter

- 900 g Rinderhesse (Beinscheiben)
- 500 g Ochsenschwanz
- 4 Stücke Querrippe
- Salz und frisch gemahlener schwarzer Pfeffer nach Geschmack
- 2½ EL (37 ml) Pflanzenöl
- 1 mittelgroße Zwiebel, grob gehackt
- 1 Dose gehackte Tomaten (400 g)
- 2 TL (5 g) gemahlener Kreuzkümmel
- 1 TL (2 g) Cayennepfeffer
- 1 TL (2 g) geräuchertes Paprikapulver
- ¼ TL (1 g) gemahlener Zimt
- 2 l Rinderbrühe
- 2 vorwiegend festkochende Kartoffeln, ungeschält in 1,3 cm große Stücke geschnitten
- 2 Jalapeño-Chilis, in Ringe geschnitten
- 2 große Karotten, grob gewürfelt
- 3 Stangen Staudensellerie, grob gewürfelt
- 2 Maiskolben, in je 3 Stücke geschnitten
- 1 kleiner Weißkohl, in 8 Spalten geschnitten
- 20 g fein gehacktes Koriandergrün, plus mehr zum Garnieren
- 2 Serrano-Chilis, in dünne Ringe geschnitten, zum Garnieren
- 2 Limetten, in Spalten geschnitten, zum Servieren

Dieser mexikanische Eintopf gehört zu meinen Favoriten. In Sachen Textur passt er praktisch in jedes Kapitel. Die Hauptattraktion ist zwar die gehaltvolle, aromatische Brühe, doch auch die vielen anderen Texturen, die sich darin tummeln, leisten ihren Beitrag dazu, dass man einfach nie genug hat von dieser Suppe.

1 Die Beinscheiben, den Ochsenschwanz und die Querrippe mit Küchenpapier trocken tupfen und mit Salz und schwarzem Pfeffer würzen.

2 In einem großen Schmortopf das Öl bei mittlerer bis hoher Temperatur erhitzen. Sobald es fast raucht, sämtliches Fleisch portionsweise von jeder Seite 1–2 Minuten anbraten, bis es rundherum kräftig gebräunt ist. In dieser Weise sämtliches Fleisch scharf anbraten.

3 Die angebratenen Fleischstücke in den Topf geben. Zwiebel, Tomaten, Kreuzkümmel, Cayennepfeffer, Paprikapulver, Zimt und die Rinderbrühe zugeben, zum Kochen bringen und zugedeckt bei schwacher Hitze 3 Stunden köcheln lassen, bis das Fleisch ganz zart ist.

4 Das Fleisch herausnehmen, von den Knochen lösen und zerteilen, dann zurück in den Topf geben. Die Knochen entsorgen.

5 Die Kartoffeln sowie Jalapeños, Karotten, Sellerie, Mais und Weißkohl (wer mag, legt eine Handvoll dünne Streifen zum Garnieren beiseite) in den Topf geben und die Suppe weitere 20 Minuten köcheln lassen, bis das Gemüse gar ist. Das Koriandergrün unterrühren.

6 Die Suppe auf Schalen verteilen, mit weiterem Koriandergrün und Serrano-Chilis garnieren (wer mag, gibt jetzt auch die Weißkohlstreifen dazu). Dazu Limettenspalten zum Auspressen servieren.

Italian Beef Sandwich

Vorbereitung
15 Minuten, plus über Nacht kühlen

Garzeit
1 Stunde 25 Minuten

Ergibt
4 Sandwiches

Scharfe Giardiniera (eingelegtes Gemüse)

- 1 EL (10 g) Selleriesamen
- 1 EL (10 g) schwarze Pfefferkörner
- 7 Zweige Oregano
- 4 milde Gemüsechilis (Sweet Banana), in feine Ringe geschnitten
- 2 große Karotten, geschält und in dünne Scheiben geschnitten
- 5 Stangen Staudensellerie, in dünne Scheiben geschnitten
- 4 Serrano-Chilis, in feine Ringe geschnitten
- 375 ml klarer Branntweinessig
- 1½ EL (25 g) Salz
- 3 EL (36 g) Zucker
- 250 ml natives Olivenöl extra

Sandwiches

- 1,8 kg Rinderbraten aus der Oberschale
- Salz und frisch gemahlener schwarzer Pfeffer
- Pflanzenöl zum Braten
- 2,8 l kräftige Rinderbrühe
- 1 TL (2 g) Chiliflocken
- 1 EL (10 g) Paprikapulver
- 1 EL (10 g) Selleriesamen
- 3 Knoblauchknollen, quer halbiert
- 1 mittelgroße gelbe Zwiebel, geviertelt
- 1 Lorbeerblatt
- 8 Stängel Oregano
- 4 Baguettebrötchen

Mein Regisseur und Vizepräsident, Vicram, hat mich auf dieses Sandwich aufmerksam gemacht. Keine Ahnung, wie mir das durchrutschen konnte. Ich zähle es zu den fünf besten Sandwiches aller Zeiten. Danke, Vicram.

Für die Giardiniera

1 Selleriesamen, Pfefferkörner und Oregano in ein Stück Mulltuch einschlagen und mit Küchengarn fest verschnüren. Das Gewürzsäckchen in ein 1-Liter-Einmachglas legen. Gemüsechilis, Karotten, Sellerie und die Serrano-Chilis hineingeben.

2 In einem mittelgroßen Topf den Branntweinessig mit 185 ml Wasser sowie dem Salz und dem Zucker vermengen, bei mittlerer bis starker Hitze aufkochen und über das Gemüse in das Glas gießen.

3 Das native Olivenöl extra zugeben, sorgfältig umrühren, sodass alle Zutaten mit Flüssigkeit bedeckt sind, und vollständig abkühlen lassen; anschließend fest verschlossen im Kühlschrank lagern. Die Giardiniera hält sich mehrere Wochen.

Für die Sandwiches

1 Den Rinderbraten rundherum kräftig mit Salz und schwarzem Pfeffer würzen. Ausreichend Pflanzenöl in einen großen Schmortopf geben, sodass der Boden bedeckt ist. Das Öl bei mittlerer bis hoher Temperatur erhitzen, bis es flimmert und fast zu rauchen beginnt. Das Fleisch hineinlegen und von jeder Seite 2–3 Minuten anbräunen. Die Brühe zugießen. Chiliflocken, Paprika, Selleriesamen, Knoblauch, Zwiebel, Lorbeer und Oregano rund um das Fleisch verteilen.

2 Zum Kochen bringen und zugedeckt bei schwacher Hitze 1 Stunde garen, bis das Fleisch eine Kerntemperatur von 55 °C erreicht hat.

3 Den Braten aus dem Topf nehmen und auf einem Gitter auf Raumtemperatur abkühlen lassen. Anschließend in Frischhaltefolie wickeln und in den Kühlschrank legen. Die Brühe durch ein feines Sieb in einen großen, luftdicht schließenden Behälter gießen. Fest verschließen und in den Kühlschrank stellen. Braten und Brühe über Nacht im Kühlschrank durchkühlen lassen.

4 Am nächsten Tag das kühlschrankkalte Fleisch so dünn wie möglich in Scheiben schneiden (erledigt das auf einer Aufschnittmaschine, falls ihr eine habt, falls nicht, tut es ein großes, scharfes Messer).

5 Sobald serviert werden soll, die Brühe in einem großen Topf erhitzen und mit Salz abschmecken. Sobald sie dampfend heiß ist, die Rindfleischscheiben hineinlegen und kurz erwärmen (die Brühe nicht aufkochen).

Die Sandwiches fertigstellen

1 Den Backofen auf 180 °C vorheizen.

2 Die Baguettebrötchen der Länge nach aufschneiden, sodass sie an einer Seite noch zusammenhalten. Die Brötchen einzeln in Alufolie wickeln und 5–8 Minuten im Ofen aufbacken.

3 Die heißen Brötchen großzügig mit den heißen Fleischscheiben füllen. (Volles Pfund!) Die Enden jeweils in die heiße Brühe tunken, die Sandwiches dann großzügig mit der Giardiniera garnieren. Die Sandwiches mit Pergamentpapier umwickeln und sofort servieren.

Vorbereitung
5 Minuten

Garzeit
8 Minuten

Ergibt
2 Portionen

Italienische heiße Schokolade

Ehrlich gesagt habe ich keine Ahnung, wie originalgetreu mein Rezept in Bezug auf die Wahl der Zutaten ist. Es ist meine Auslegung dessen, was man in Italien *cioccolata calda* nennt. Und das ist nicht etwa nur eine einfache heiße Schokolade. Stellt euch auf etwas vom Format eines ausgewachsenen Desserts ein. Eine üppige, cremige Schokolade, die sich im Mund wie ein feiner Pudding anfühlt.

- 1 TL (3 g) Speisestärke
- 300 ml Vollmilch
- 2 EL (115 g) reines Kakaopulver
- 1 Prise feines Meersalz
- 2½ EL (30 g) Zucker
- 60 g Schlagsahne
- ½ TL (3 ml) Vanilleextrakt
- 115 g Bitterschokolade, fein gehackt
- geschlagene Sahne zum Garnieren (nach Belieben)
- Schokospäne zum Garnieren (nach Belieben)

1 Die Speisestärke in einer kleinen Schüssel mit 60 ml Milch verrühren, bis sich die Stärke aufgelöst hat.

2 In einer weiteren Schüssel das Kakaopulver mit dem Salz und dem Zucker gleichmäßig vermengen.

3 Die Schlagsahne in einem mittelgroßen Topf mit der Vanille und den restlichen 240 ml Milch vermengen. Die Mischung nur eben zum Kochen bringen, die Hitze sofort herunterstellen und mit einem Schneebesen die Kakaomischung unterrühren, bis sie sich aufgelöst hat. Anschließend die aufgelöste Stärke unterrühren und die Mischung köcheln lassen, bis sie glatt ist und dick zu werden beginnt.

4 Die gehackte Schokolade zugeben und unter Rühren auflösen.

5 Die heiße Schokolade in kleinen Kaffeetassen servieren und nach Belieben mit geschlagener Sahne und/oder Schokospänen garnieren.

Klassische Consommé

Vorbereitung
25 Minuten, plus über Nacht kühlen

Garzeit
3 Stunden

Ergibt
etwa 1 Liter

So eine Kraftbrühe ist der ideale Kandidat, um Freunden und Familie zu zeigen, was eine Harke ist. Der Dreh- und Angelpunkt bei diesem Rezept: Die Brühe muss maximal klar sein, damit auch das klar ist. Wenn ihr also wollt, das eure Brühe so makellos daherkommt wie im Restaurant und dazu noch jede Menge Geschmack mitbringt – hier erfahrt ihr, wie man's macht.

2 Hähnchenkarkassen
Pflanzenöl zum Einfetten
1 mittelgroße gelbe Zwiebel, geviertelt
1 große Karotte, geschält und grob gewürfelt
2 Stangen Staudensellerie, grob gewürfelt
1 Lorbeerblatt
5 Zweige Thymian
3 Stängel Estragon
3 große Eiweiß
Salz nach Geschmack

1 Den Backofen auf 245 °C vorheizen und ein Backblech mit Alufolie auslegen.

2 Die Hähnchenkarkassen leicht mit Pflanzenöl einreiben, auf das Backblech legen und im Ofen 30–45 Minuten rösten, bis sie kräftig gebräunt sind.

3 Die Karkassen in einen großen Topf (4–6 Liter) legen. Zwiebel, Karotte, Sellerie, Lorbeer und Thymian zugeben und alles mit etwa 2,5 Liter kaltem Wasser bedecken. (Gegebenenfalls weiteres Wasser zugießen, die Zutaten sollten gerade bedeckt sein.) Bei mittlerer bis starker Hitze zum Kochen bringen, die Hitze sofort wieder herunterstellen und die Brühe 2 Stunden leise köcheln lassen. Anschließend abschmecken; die Brühe sollte einen kräftigen Hähnchengeschmack haben. Falls nicht, die Brühe noch ein wenig einkochen lassen. Den Topf vom Herd nehmen, den Estragon in die Brühe geben und 10 Minuten darin ziehen lassen.

4 Die Brühe durch ein großes Sieb in eine große, hitzebeständige Schüssel gießen. Die festen Rückstände wegwerfen. Sind jetzt noch mehr als knapp 1 Liter Flüssigkeit verblieben, die Brühe zurück in den Topf gießen und weitere 2–3 Minuten auf die gewünschte Menge reduzieren. Vom Herd nehmen und vollständig abkühlen lassen. Anschließend zugedeckt über Nacht in den Kühlschrank stellen.

5 Am nächsten Tag die Brühe sorgfältig entfetten. Ist sie geliert, die Brühe sanft erwärmen, bis sie wieder flüssig, jedoch nicht heiß ist. Sorgfältig das Eiweiß unterrühren und die Brühe bei mittlerer bis starker Hitze unter ständigem Rühren aufkochen. Sobald sie aufwallt, die Hitze sofort wieder herunterstellen und die Brühe ohne zu rühren 15 Minuten leise köcheln lassen, bis sich das geronnene Eiweiß an der Oberfläche abgesetzt hat.

6 Ein feines Sieb mit einem ganz feinen Passiertuch auslegen. Das Eiweiß behutsam hineinschöpfen und anschließend langsam den Rest der Consommé in das Sieb schöpfen. (Beim Passieren nicht mit der Kelle nachhelfen – die Brühe findet von selbst ihren Weg durch das Tuch.) Nach dem Abseihen erwartet euch eine wunderbar klare Consommé, die ihr für praktisch alles verwenden oder so genießen könnt, wie sie ist.

7 Die Consommé in einen sauberen Topf gießen und mit Salz abschmecken. Ihr könnt sie mit einer Einlage aus blanchiertem Gemüse genießen, als Basis für eine **Matzeknödelsuppe** (Seite 214) oder auch für Saucen verwenden.

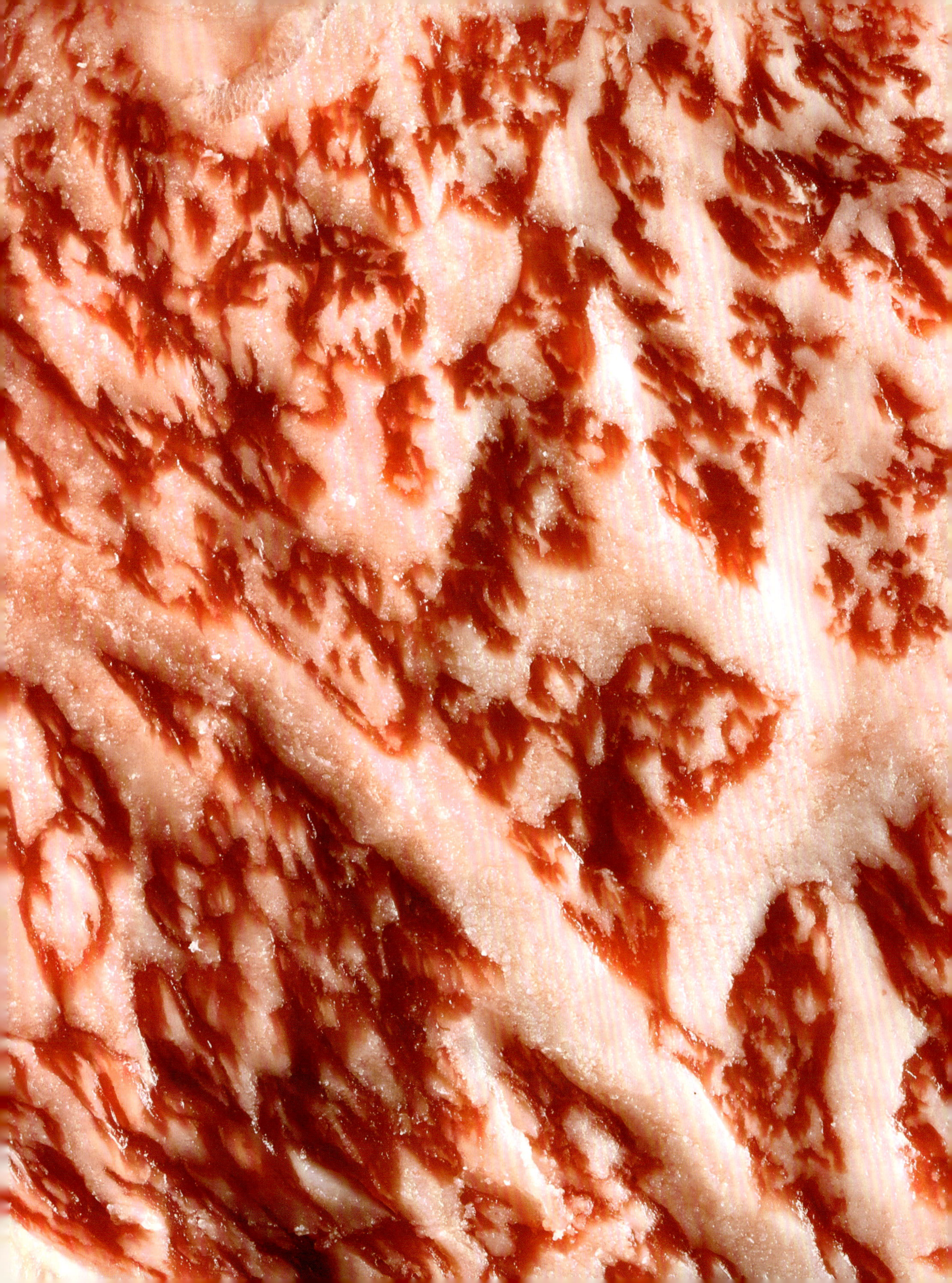

Fettig

Fett ist Geschmack

Das Beste habe ich mir bis zum Schluss aufgespart. »Fettig« liegt für mich im Kampf um die Textur-Meisterschaft gleichauf mit crunchy. Was fettig so einzigartig macht: Speisen mit Crunch können durchaus auch fettig sein, während fettige Speisen komplett ohne Crunch auskommen und dennoch köstlich sind. Wie heißt es so schön? »Fett ist Geschmack«. Wer sich auch nur ein bisschen fürs Kochen interessiert oder gern essen geht – ob nobel oder nicht – hat diesen Satz sicher schon einmal gehört. Seit Ewigkeiten wird darüber debattiert, ob die Zugabe von Fett mehr Geschmack bedeutet oder nicht. Man mag einwenden, dass ein Löffel Schmalz nicht gerade ein Hochgenuss ist, aber nur ein Depp würde so argumentieren. Auch ein Löffel Mehl ist keine Delikatesse, dennoch weiß jeder gutes Brot, Kekse oder einen anständigen Pfannkuchen zu schätzen, die in ihrer mustergültigen Form eben nur durch die Mitwirkung von Mehl existieren. Niemand soll glauben, es ginge in diesem Abschnitt um füllige Schwergewichte. Versteht mich nicht falsch, fettreiche Speisen bringen immer eine gewisse Substanz auf die Waage. So wie Fett nun mal geartet ist, lässt sich das gar nicht vermeiden. Hier geht es jedoch darum, den Kreis zu schließen und zu begreifen, dass es immer auf die richtige Balance ankommt. Kein Yin ohne Yang. Man kann bei einem Gericht genau den richtigen Ton treffen, doch am Ende muss es zu hell auch ein Dunkel geben, die fettige zu der erfrischenden und säuerlichen Note. Es geht darum, alles was ihr über die Natur und Wirkungsweise von Texturen gelernt habt, so einzusetzen, dass sich am Ende alles zu einem harmonischen Ganzen fügt. Und da kann Fett der entscheidende Faktor sein.

DURCH HITZE = BESSERE TEXTUR = BESSERER GESCHMACK
KALT = UNERWÜNSCHTE TEXTUR = UNERWÜNSCHTER GESCHMACK
GESCHMACK + FETT + EIWEIß = TEXTUR

Was bedeutet fettig?

Ich hoffe, euch erwarten nicht nur schockierende Neuigkeiten, aber ich gehe mal davon aus, es ist euer erster gedanklicher Vorstoß in das fetthaltige Thema. Schon darum weiß ich zu schätzen, dass ihr zu diesem Buch gegriffen habt. Kaum überraschend: Speisen mit dem Etikett »fatty« enthalten größere Mengen Fett, das einer Zubereitung Substanz und Tiefgang verleiht. Das kann ein saftiges, butterweiches, wunderbar marmoriertes Stück Rindfleisch ebenso sein wie ein mit bestem Olivenöl getränkter Tomatensalat. Fett ist nicht nur selbst Geschmacksträger, es unterstreicht auch ganz erheblich den Geschmack seiner Mitspieler. Auf andere Weise natürlich als es bei Salz der Fall ist. Fett »salbt« die Geschmacksrezeptoren mit Geschmack, wie es andere Dinge schlicht nicht können. Genau darum ist eine cremige Textur ein ideales Vehikel für den Geschmack, denn der ultimative Träger von Geschmack in seiner reinsten Form ist Fett. Es ist dieses einzigartige Mundgefühl, das ein Maß an Wohlgeschmack und Genuss erzeugt, wie es eine Scheibe Brot nicht kann. Doch bestreicht man sie dick mit Butter oder legt eine fette Scheibe Pastrami darauf, wird daraus eine runde Sache, die nach nichts anderem mehr verlangt.

Nachdem wir das geklärt hätten, stellt sich die eigentliche Frage: Was ist Fett? Ich will nicht allzu tief in die wissenschaftliche Materie eintauchen, doch um ein möglichst hohes Niveau im Küchenhandwerk zu erreichen, können ein paar Grundkenntnisse nicht schaden. Sei es, um damit Weihnachten in der Familie Eindruck zu schinden, oder um die eigenen bohrenden Fragen zu beantworten, die sich beim Kochen auftun. Darüber hinaus macht euch ein bisschen Basiswissen auch zu besseren Essern. Ja, man kann lernen, besser zu essen. Ehrlich gesagt sind die meisten richtig schlecht darin.

Fett ist eine Form von Lipid, das aus Triglyceriden besteht. Es ist eine vielgestaltige Gruppe lebenswichtiger organischer Verbindungen. Fette bestehen aus miteinander verketteten Fettsäuren, und ihre spezifischen Eigenschaften ergeben sich aus der molekularen Struktur und Zusammensetzung dieser Ketten. Wir unterscheiden zwei Arten von Fett: gesättigte und ungesättigte Fette. Wichtig zu wissen ist, dass die Struktur eines Fettes Auswirkungen auf seinen Schmelzpunkt und seine Hitzebeständigkeit (den Rauchpunkt) hat. Gesättigte Fette, die einen hohen Anteil an – erraten – gesättigten Fettsäuren haben, bestehen in ihrer Molekularstruktur gewöhnlich aus Kohlenstoffatomen in einer Einfachbindung, wodurch die Fettsäureketten sehr dicht gepackt sein können. Den »Klebstoff« dieser Verbindungen nennt man Van-der-Waals-Kräfte, eine abgefahrene und ziemlich coole Bezeichnung. Der Grund, warum ich die guten, alten Van-der-Waals-Kräfte erwähne, ist der, dass sie zwar relativ schwach sind, aber immer noch stark genug, um die Moleküle bei niedrigen Temperaturen zusammenzuhalten. Warum zum Teufel ist das wichtig? Ihre starre Struktur ist der Grund, warum Fette dieser Art bei Raumtemperatur meist vollkommen fest sind (man denke an Butter oder Schweine- und Rinderfett). Flüssige Fette wie Oliven-, Avocado- oder Sonnenblumenöl haben einen höheren Anteil an einfach und mehrfach ungesättigten Fettsäuren, die durch eine oder mehrere Zweifachbindungen zwischen den Kohlenstoffatomen gekoppelt sind. Diese Zweifachbindung erzeugt einen Knick in den Fettsäureketten, der verhindert, dass sie sich so eng verknüpfen können wie gesättigte Fette. Daher sind sie auch bei Raumtemperatur gewöhnlich flüssig.

Die gute Nachricht ist, dass sich fast alle natürlich vorkommenden Fette unter Hitzeeinwirkung verflüssigen. Rinderfett verwandelt sich in Talg, Schweinefett in Schmalz, wenn man sie in der Pfanne auslässt. Das feste Fett schmilzt dahin und geht in den flüssigen Zustand über. Mit steigender Temperatur nimmt auch die kinetische Energie der Triglyceridmoleküle zu. Sie werden in Schwingungen versetzt und bewegen sich schneller, was wiederum die guten, alten Van-der-Waals-Kräfte schwächt, die die Moleküle zusammenhalten. Hat die Temperatur den Schmelzpunkt des Fettes erreicht, verfügen die Moleküle über ausreichend Energie, die Anziehungskräfte zu überwinden, sodass sie sich frei bewegen und vom festen in den flüssigen Zustand übergehen. Liegt der Schmelzpunkt bei 30–35 °C, lässt sich das Fett in derselben Weise verwenden wie ein flüssiges Fett, solange es nicht mit etwas in Kontakt gerät, das kälter als 29–32 °C ist. Der Vorteil liegt nicht nur im Geschmack, sondern darin, dass sich dieses molekular nun völlig veränderte Fett auch für Backwaren, Saucen und Suppen einsetzen lässt, und zwar mit einem völlig anderen Ergebnis. Jetzt liegt euch die gesamte Bandbreite an Fettarten zu Füßen, deren Textur ihr gezielt beeinflussen, nutzen und genießen könnt.

Wie Fett eine Speise verändert

Hitzetransfer: Scheint offensichtlich, wird aber allzu oft als selbstverständlich betrachtet. Fett ist ein extrem guter Wärmeleiter, der die Hitze gleichmäßig, effizient und flächendeckend über das Gargut verteilt. Fett als Garmedium begünstigt die Maillard-Reaktion, einen chemischen Prozess, der zwischen Aminosäuren und reduzierenden Zuckern auftritt, neue Geschmacksverbindungen hervorbringt und für die charakteristische Bräunung von Speisen verantwortlich ist. Das hängt natürlich von der Gartechnik und der Menge des Fetts ab. Kurz gesagt, die Entscheidung, ob man etwas brät oder frittiert, hat erheblichen Einfluss auf das Endprodukt und die Art der Bräunung, vorausgesetzt, ein Bräunungseffekt ist überhaupt erwünscht.

Schmiermittel: Die Qualitäten von Fetten als Schmierstoff gehören für mich zu ihren größten Stärken. Nicht allein, weil sie verhindern, dass das Gargut an der Garfläche klebt, und die Reibung im Garprozess verringern, sie versorgen auch die Speise selbst mit Schmelz und Feuchtigkeit. Eine Hähnchenbrust wird trocken, weil es ihr an Fett mangelt, und das passiert dramatisch viel schneller als bei einer Hähnchenkeule. Fett macht die Dinge saftiger und angenehmer zu essen. Bei Backwaren umhüllt Fett das Eiweiß und die Stärke, es hemmt die Bildung von Gluten und sorgt für eine zartere und feinere Krume.

Emulgierung: Fett ermöglicht die Herstellung stabiler Emulsionen, also die dauerhafte Mischung zweier eigentlich nicht mischbarer Substanzen wie Öl und Wasser.

Dampfentwicklung: Wird ein festes Fett mit hohem Wasseranteil wie Butter erhitzt, verdampft das Wasser. Der Dampf lässt Gebäck wie Blätterteig oder Pasteten aufgehen und fördert ihre lockere Struktur, indem er sich in Form von Luftbläschen in den Teigschichten einlagert. (Gemerkt? Wir landen immer wieder bei diesem verflixten Croissant!)

Fettsättigung: Gart man etwas ganz langsam in einer großen Menge Fett – die Methode nennt man auch *confieren* (das Ergebnis heißt Confit) – wird das Gargut regelrecht mit Fett durchtränkt. In dieser Weise mit Fett gesättigt, verändert das Gargut nicht nur seine Textur, es verhält sich auch ganz anders, wenn man es anschließend einer weiteren Zubereitungsart zuführt. Geschieht das Confieren zudem in Fett von kräftigem Geschmack wie Entenfett, so ist auch das Ergebnis entsprechend wohlschmeckend.

Auf den Punkt gebracht: Fett hat nicht nur Textur, es hat auch die Fähigkeit, Textur zu erzeugen.

Hier ein paar Beispiel für ungetrübten Fettgenuss:

- Das gebratene Fett an einem Schweinekotelett, Steak oder einem anderen kurz gebratenen Fleischstück.
- Flüssiges tierisches Fett auf dem Teller verleiht einer Zubereitung eine sehr üppige Textur und kräftigen Geschmack.
- Zur Abrundung zugegebenes reines Öl wie Oliven- oder Pflanzenöl sorgt ebenfalls für Substanz und einen gewissen saftigen Eindruck.
- Das zum Beispiel in Nüssen und Samen oder in der Marmorierung beim Fleisch natürlich vorhandene Fett schützt Speisen vor dem Austrocknen und sorgt eher für eine saftige Beschaffenheit als für Fülle.
- Emulsionen: Sie wirken durch ihre cremige Textur, die in ähnlicher Weise für einen fülligen Eindruck sorgt wie Fett, nur in leicht abgeschwächter Form.

HITZETRANSFER

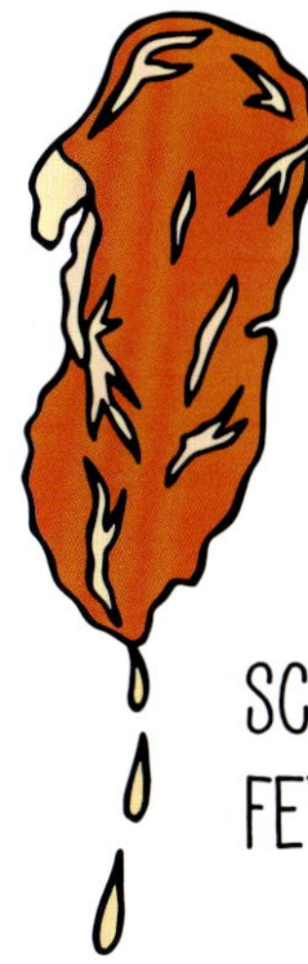

SCHMIERSTOFF FETT

BUTTER MACHT DAMPF

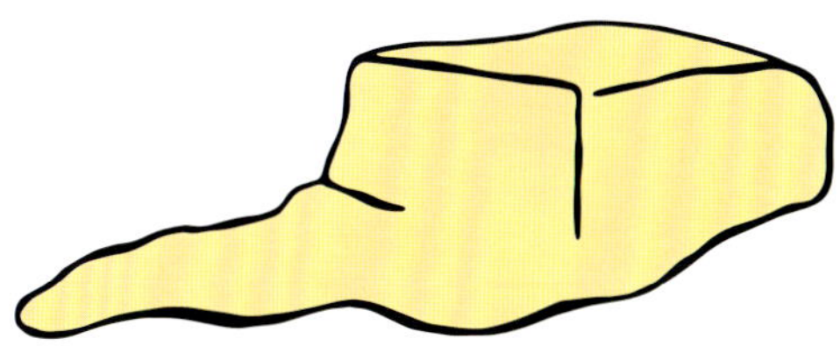

MECHANISCHES EMULGIEREN (DURCH RÜHREN MIT DEM SCHNEEBESEN)

AUSGELASSENES ENTENFETT IN DER PFANNE

Was ist so toll an Fett?

Aufgepasst, hier ein kleiner Exkurs darüber, warum Fett fast so wichtig ist wie Salz. Der erste und wichtigste Punkt ist einmal mehr seine Qualität als Schmierstoff. Das ist weder eine schlüpfrige Anspielung noch ein Witz. Ich beziehe mich nicht einmal auf seine Nützlichkeit beim Einfetten einer Backform oder beim gut geölten Bräunen eines Steaks in der Pfanne. Es ist denkbar simpel und schlicht eine Sache der Erfahrung. Alles, was ich in meiner Karriere – und im Leben allgemein – tue, ist darauf ausgerichtet, Erfahrungen zu vermitteln. Wenn wir essen gehen, da sind wir uns wohl alle einig, wünschen wir uns Genuss ohne Reue. Schön, wenn alles ganz ordentlich geschmeckt hat und vernünftig gewürzt war. Ja, wirklich toll ... bis man in ein Stück Fleisch beißt, das so trocken ist, dass die Sahara vor Neid erblasst. Aus die Maus. Das war's mit dem entspannten Essen beim geselligen Schwatz mit Freunden. Es beginnt ein qualvoller Kampf gegen den zähen Rest, der da noch auf dem Teller liegt. Zu wissen, welche Rolle Fett für den ungetrübten Genuss spielt, der auch auf den nächsten Bissen Lust macht, heißt zu wissen, welches Fleisch ich verwenden kann, wie viel Butter ich nehmen sollte, wenn ich Brot in der Pfanne röste usw. Einfach gesagt, wenn ausreichend Fett im Spiel ist, lauft ihr weniger Gefahr, etwas Trockenes oder gänzlich Ungenießbares auf den Tisch zu bringen. Und das ist ein Grundpfeiler der guten Küche, die, wenn man das mal erkannt hat, gleich viel leichter von der Hand geht (oder zumindest weniger respekteinflößend ist). Lernt dieses bisschen Wissen zu beherzigen, bevor ihr gedankenlos loslegt.

Natürlich kann es auch zu viel werden mit dem Fett, alles hat seine Grenzen. Obwohl manche Leute eine ganze Menge Fett vertragen, herrscht darüber im Allgemeinen Einigkeit. Darum beginnt ihr am besten mit etwas, das von Natur aus genügend Fett mitbringt. Versucht es zum Beispiel mal mit Hähnchenkeulen statt Brustfilets. Sie sind einfacher zuzubereiten, saftiger und schmackhafter und sie laufen weniger Gefahr, trocken zu werden. Vergesst das ganze Gerede über »helles Fleisch contra dunkles Fleisch« und genießt einfach, was euch in der Zubereitung leichter fällt.

Fett ist eine Lebensnotwendigkeit, wir brauchen es buchstäblich zum Überleben. Es ist der Energielieferant schlechthin und versorgt uns Tag für Tag mit lebenswichtigen Vitaminen. Es genügt bereits eine geringe Menge, um uns bei guter Gesundheit zu halten. Darum halten wir so ungern Diät. Es ist nicht der Zucker, den wir vermissen, es ist das Fett. Man kann ja durchaus auf Limo verzichten, aber darf ich nicht mal einen Salat mit einem anständigen Dressing essen? Ich will nicht jeden Tag dieses trockene Trauerspiel in einer fettbefreiten Vinaigrette essen. Ich will einen mit Olivenöl getränkten griechischen Salat oder ein fettes, würziges Entenconfit auf einem Bett aus Friséesalat. Beides ist gesund, wenn auch nicht gerade kalorienarm. Aber wen zum Teufel schert das!? Fett wird seit jeher dämonisiert, und das mit fragwürdigen wissenschaftlichen Argumenten. Mich interessiert nur eines: dass es gut schmeckt. Und exakt danach steht einem Koch gewöhnlich auch der Sinn. Falls ihr also denkt, dass ein richtiger Koch viel Fett verwendet, dann liegt ihr verdammt richtig. Tut er. Sein Credo? Bloß nicht an der Butter sparen.

Fett für alle Fälle:

- Um einem Gericht, dem es an Tiefe mangelt, Substanz oder Fülle zu verleihen.
- Um von Natur aus trockeneren Speisen oder leicht übergarten Zubereitungen ein saftiges Element zu spenden.
- Als eigenständiger Geschmacksträger
- Um dem Gargut durch langsames Garen einen besonders kräftigen Geschmack und eine extrem saftige Beschaffenheit zu verleihen.
- Um einen Akzent gegen frische Noten einer Zubereitung zu setzen. Etwa wenn der säuerliche Charakter einer Speise etwas Fett vertragen kann, um die frischen Noten einzubinden und für einen ausgewogeneren Gesamteindruck zu sorgen.

TROCKENES FLEISCH (WENIG FETT) CONTRA SAFTIGES FLEISCH (VIEL FETT)

CONTRA

HÄHNCHENBRUST
(FETTARM, ÜBERGART)

HÄHNCHENSCHENKEL
(FETTREICH, SAFTIG)

CONTRA

RUMPSTEAK
(3 STUNDEN GEGART)

QUERRIPPE
(3 STUNDEN GEGART)

Hamachi Crudo

Vorbereitung
15 Minuten, plus über Nacht marinieren

Garzeit
12 Minuten

Ergibt
6–8 Portionen

Ich werde immer wieder nach etwas Ausgefallenem aus meiner Zeit in der Top-Gastronomie gefragt. Hier ist etwas mit einer relativ überschaubaren Zahl von Zutaten, das einigermaßen einfach geht. Hamachi hat eine füllige, fettige Komponente, doch der Geschmack ist sehr dezent und schmeichelt jedem Gaumen.

Hamachi

- 500–900 g Hamachi-Filet (Gelbschwanzmakrele), enthäutet und entgrätet
- Salz nach Geschmack
- 1 EL (15 ml) frisch gepresster Zitronensaft
- natives Olivenöl extra nach Geschmack
- Microgreens (Keimpflanzen) nach Wahl oder etwas Dill

Oliven-Relish

- 120 g fein gehackte Castelvetrano-Oliven (grüne Oliven aus Sizilien)
- 45 g fein gehackte geröstete Pistazien
- 1 mittelgroßer grüner Apfel, geschält und in Brunoise geschnitten (siehe **Anmerkung**)
- 3½ EL (53 ml) natives Olivenöl extra
- abgeriebene Schale und Saft von 2 Bio-Zitronen
- Salz nach Geschmack

Weiße Ponzu-Sauce

- 125 ml Mirin
- 3 EL (45 ml) Reisessig
- 1 Stück (5 cm) Kombu
- 7 g Bonitoflocken
- 125 ml helle Sojasauce
- 125 ml Yuzu-Saft oder frisch gepresster Zitronensaft

1 Ein Backblech mit einem sauberen Küchentuch auslegen. Das Hamachi-Filet darauflegen und die gesamte Oberfläche leicht salzen. Den Fisch in das Tuch einwickeln, auf einen Teller legen und über Nacht in den Kühlschrank stellen.

2 Am nächsten Tag sämtliche Zutaten für das Oliven-Relish in einer kleinen Schüssel vermengen. Beiseitestellen.

3 Für die weiße Ponzu-Sauce den Mirin und den Reisessig in einem mittelgroßen Topf bei mittlerer Temperatur erhitzen, bis die Mischung dampft, jedoch nicht aufkochen. Kombu und Bonitoflocken hineingeben, die Hitze so regulieren, dass die Mischung dampft, jedoch nicht kocht, und 10 Minuten ziehen lassen.

4 Die Mischung nach 10 Minuten durch ein feines Sieb in eine Schüssel gießen. Die Sojasauce und den Zitrussaft unterrühren und die Sauce vollständig abkühlen lassen. (Um das Abkühlen zu beschleunigen, könnt ihr die Schüssel in Eiswasser stellen und die Mischung 3–5 Minuten kalt rühren.) Beiseitestellen.

5 Wenn das Hamachi-Filet so weit ist, den Fisch in 1,3 × 1,3 cm kleine Würfel schneiden. Die Würfel unmittelbar vor dem Servieren in einer großen Schüssel nach Geschmack mit Salz, Zitronensaft und nativem Olivenöl extra würzen. Die Mischung sollte von mild-säuerlichem Geschmack sein, darum höchstens 1 EL (15 ml) Zitronensaft zugeben.

6 Zum Anrichten einen Ausstechring in die Mitte einer flachen Schale setzen und die Fischwürfel rundherum an der Außenseite des Rings verteilen. Den Ring abziehen, einige Löffel Ponzu-Sauce in die Mitte geben und sparsam mit Olivenöl beträufeln. Das Oliven-Relish an drei oder vier Stellen großzügig auf den Fisch häufen und mit kleinen Häufchen aus Microgreens oder Dill garnieren. Sofort servieren.

ANMERKUNG: *Brunoise sind sehr kleine Würfel, die für Anfänger eventuell nicht ganz leicht zu realisieren sind. Darum schlage ich vor, ihr schneidet den Apfel einfach in kleine Würfel. Dazu die Frucht auf einem Gemüsehobel in7 mm dicke Scheiben schneiden, diese in7 mm dicke Stäbchen und anschließend quer in7 × 7 mm große Würfel schneiden. Etwas mühsam, doch die Mühe zahlt sich aus.*

72-Stunden-Short-Ribs mit Espressokaramell

Vorbereitung
10 Minuten, plus über Nacht kühlen

Garzeit
72 Stunden, plus 20 Minuten

Ergibt
10–12 Portionen

Diese Rinderrippen sind der Inbegriff einer opulenten Schlemmerei mit dem gewissen Etwas. Ihr braucht dazu einen Sous-vide-Garer.

Short Ribs

2,8–3,6 kg Querrippe (am Stück; siehe **Anmerkung**)

Salz und frisch gemahlener schwarzer Pfeffer nach Geschmack

Espressokaramell

200 g Zucker

3 EL (45 ml) Wasser

2 EL (30 ml) Espresso oder Cold-Brew-Konzentrat

1 EL (15 ml) Sojasauce

5 EL (70 g) gesalzene Butter

185 g Schlagsahne

1 In einem Sous-vide-Garer ein 70 °C heißes Wasserbad vorbereiten. Die Querrippe rundherum großzügig mit Salz und schwarzem Pfeffer würzen. In einen Vakuumbeutel stecken, sorgfältig vakuumieren und in das Wasserbad legen. Das Wasserbad mit Frischhaltefolie zudecken, damit das Wasser nicht verdampft, und das Fleisch 72 Stunden garen.

2 Die Querrippe nach 72 Stunden aus dem Wasserbad nehmen und in dem Vakuumbeutel auf ein Backblech legen. Ein zweites Blech darauflegen und mit einigen Konservendosen oder gusseisernen Pfannen beschweren. Darauf achten, dass das obere Blech nicht schräg aufliegt, damit das Fleisch auf eine möglichst einheitliche Stärke gepresst wird. Über Nacht in den Kühlschrank stellen.

3 Sobald ihr startbereit seid, den Zucker für den Karamell in einem kleinen Topf in dem Wasser auflösen. Dann ohne zu rühren bei mittlerer Hitze zum Kochen bringen und weiter erhitzen, bis die Mischung honigfarben ist. Espresso, Sojasauce und zuletzt die Butter unterrühren. Sobald die Butter vollständig geschmolzen ist, die Sahne unterschlagen und den Karamell beiseitestellen.

4 Die Querrippe aus dem Vakuumbeutel nehmen und mit einem scharfen Messer in der gewünschten Portionsgröße zuschneiden. Der Knochen kann drinbleiben (ich löse ihn aber auch manchmal aus und serviere das Fleisch in Stäbchenform). Achtet lediglich darauf, dass die Portionen gleich groß sind. Bis zum Servieren in den Kühlschrank stellen.

5 Einen Grill auf mittlerer bis hoher Stufe vorheizen. (Die Rippen müssen vor dem Grillen nicht auf Raumtemperatur gebracht werden. Es ist sogar besser, wenn sie kalt sind, damit sie ihre Form behalten.) Den Grillrost kräftig einölen, damit die Short Ribs nicht festkleben. Das Fleisch noch einmal mit Salz und Pfeffer würzen.

6 Die Rippen rundherum 20–30 Sekunden grillen, bis sie kräftig gebräunt und heiß sind. Das Fleisch von allen Seiten mit dem Espressokaramell bestreichen und immer wieder wenden, bis es rundherum glasiert ist. Sofort mit Beilagen eurer Wahl servieren.

ANMERKUNG: *Da dieses Rezept einiges an Zeit und Mühe kostet, rate ich dringend zu einer kompletten Querrippe am Stück. Wenn euch das nicht geheuer ist, besorgt euch mindestens acht bis zehn Rinderrippen, damit ihr reichlich Reste zum Einfrieren habt.*

Knuspriger Schweinebauch mit Toyomansi-Dip

Vorbereitung
20 Minuten, plus über Nacht kühlen

Garzeit
1 Stunde 10 Minuten

Ergibt
6 Portionen

Dieses Gericht liefert das perfekte Zusammenspiel meiner drei Lieblingstexturen: Obendrauf crunchy und darunter warten fein säuberlich getrennt chewy und fatty. Darum liebe ich Schweinebauch. Und dieses Rezept.

- 1,4–1,6 kg Schweinebauch mit Schwarte
- 4½ EL (70 g) Salz
- 1½ EL (15 g) schwarze Pfefferkörner
- 6 Lorbeerblätter
- 1 EL (15 ml) Silver-Swan-Sojasauce (süße philippinische Sojasauce)
- 5 Knoblauchzehen, geschält
- 1,5 l Wasser
- 2 l Pflanzenöl zum Frittieren

Toyomansi-Dip

- 60 ml Calamansi- oder Yuzu-Saft
- 60 ml Sojasauce
- 3 Knoblauchzehen, fein gehackt
- 2 kleine rote Chilis, in feine Ringe geschnitten

1 Den Schweinebauch in einen großen Topf legen, 3½ EL Salz, Pfefferkörner, Lorbeerblätter, Sojasauce, Knoblauch und das Wasser zugeben. Zum Kochen bringen und das Fleisch 50 Minuten garen, bis es sich mit einer Gabel leicht einstechen lässt.

2 Während das Fleisch gart, in einer kleinen Schüssel den Toyomansi-Dip zubereiten. Dazu Calamansi- oder Yuzu-Saft, Sojasauce, Knoblauch und Chilis verrühren. Den Dip bis zur Verwendung in einem fest verschlossenen Behälter in den Kühlschrank stellen.

3 Das Fleisch aus der Brühe nehmen und 15 Minuten abkühlen lassen. Die Schwarte mit Küchenpapier trocken tupfen und mit dem restlichen EL Salz kräftig einreiben. Den Schweinebauch auf ein Gitter legen und auf einem Blech über Nacht in den Kühlschrank stellen.

4 Am nächsten Tag den Schweinebauch aus dem Kühlschrank nehmen und in 3,8 cm große Würfel schneiden. Den Backofen auf 150 °C vorheizen.

5 Das Pflanzenöl in einen großen Topf mit schwerem Boden oder einen großen Wok füllen; es sollte maximal bis zur halben Höhe des Topfes reichen. Das Öl auf 180 °C erhitzen.

6 Während das Öl heiß wird, die Schweinebauchstücke in eine ofenfeste Form geben und für 5 Minuten in den vorgeheizten Ofen stellen. Herausnehmen und die Stücke portionsweise 7–10 Minuten in dem heißen Öl frittieren, bis sie goldbraun und knusprig sind und die Schwarte Blasen wirft.

7 Die frittierten Schweinebauchstücke mit einer Schaumkelle herausfischen und auf einem Gitter abtropfen lassen. Mit dem Toyomansi-Dip servieren.

Vorbereitung
20 Minuten

Garzeit
15 Minuten

Ergibt
4–6 Portionen

Gegrilltes Secreto
mit Salsa verde

Viele werden nicht in der Lage sein, Secreto aufzutreiben, das »geheime Filet«, das sich am Übergang vom Rücken zum Bauch des Schweins versteckt hält. Macht nichts, ihr könnt genauso gut Koteletts oder jedes andere Teilstück vom Schwein nehmen. Nur solltet ihr wissen, dass es wahrscheinlich etwas länger braucht. Der große Vorteil des Secreto ist seine fantastische Marmorierung. Es ist gewissermaßen das Wagyu des Schweins.

- 2 TL (6 g) gemahlener Koriander
- ½ TL (2 g) gemahlener Kreuzkümmel
- 2 TL (12 g) Salz, plus Salz nach Geschmack
- 1 TL (33 g) Knoblauchpulver
- 680 g Secreto vom Schwein

Salsa verde

- 680 g Tomatillos, von der Hülle befreit und längs halbiert
- 1 kleine weiße Zwiebel, geschält und halbiert
- 2 EL (30 ml) Pflanzenöl
- 2 Serrano-Chilis
- 8 Knoblauchzehen
- ½ Bund Koriandergrün, plus mehr zum Garnieren
- abgeriebene Schale und Saft von 1 Bio-Limette
- Salz nach Geschmack

Mais-Relish

- 1 Jalapeño-Chili
- 100 g frische Maiskörner
- 30 g gehacktes Koriandergrün, plus mehr zum Garnieren
- 2 EL (30 ml) Olivenöl
- 1 EL (15 ml) frisch gepresster Limettensaft
- Salz nach Geschmack

1 Mit der Salsa verde beginnen. Dazu den Backofengrill vorheizen.

2 In einer großen Schüssel die Tomatillos und die Zwiebel in dem Pflanzenöl wenden, bis alles gleichmäßig mit Öl überzogen ist. Auf einem mit Alufolie bedeckten Blech verteilen und für 5–6 Minuten unter den vorgeheizten Grill schieben, bis Tomatillos und Zwiebel kräftig gebräunt sind.

3 Tomatillos, Zwiebel, Serrano-Chilis, Knoblauch, Koriandergrün sowie Schale und Saft der Limette in den Mixer geben. (Die Chilis gegebenenfalls von den Samen befreien, wenn die Sauce weniger scharf werden soll.) Das Ganze auf hoher Stufe glatt pürieren. Die Salsa mit Salz abschmecken und beiseitestellen.

4 Einen Grill vorheizen und den Grillrost kräftig einölen.

5 Für das Mais-Relish den Jalapeño-Chili auf der heißen Seite des Grills rösten, bis er rundherum geschwärzt ist. Die schwarzen Stellen abreiben, den Chili längs halbieren, von den Samen befreien und würfeln. In einer mittelgroßen Schüssel mit den Maiskörnern, dem Koriandergrün, Olivenöl und Limettensaft verrühren, mit Salz abschmecken und beiseitestellen.

6 In einer Schüssel Koriander, Kreuzkümmel, Salz und Knoblauchpulver vermengen. Das Secreto mit Küchenpapier trocken tupfen und großzügig mit der Mischung würzen. (Eventuell benötigt ihr nicht die gesamte Menge.)

7 Das Fleisch auf den Grillrost legen und nach 2 Minuten um 45 Grad drehen, sodass ein Grillmuster entsteht. Weitere 1–2 Minuten grillen, anschließend wenden und den Vorgang auf der anderen Seite wiederholen. Secreto kann man medium servieren, mir schmeckt es so am besten. Also rechtzeitig vom Grill nehmen, sobald es gut gebräunt ist, sonst ist es schnell *medium-well* oder *well-done* (fast durch oder durch). (Secreto ist übrigens dank seines hohen Fettanteils auch *well-done* noch ein Genuss.)

8 Das Secreto in dünne Scheiben schneiden und mit einem Löffel Salsa verde und einer großzügigen Portion Mais-Relish servieren, mit Koriandergrün garnieren. Reste von Salsa verde und Mais-Relish halten sich im Kühlschrank bis zu 1 Woche.

Hähnchen-Ballotine

Vorbereitung
25 Minuten

Garzeit
25 Minuten

Ergibt
6 Portionen

Hier eine raffinierte Profimethode, um Hähnchen zu füllen. Wenn man keinen ganzen Vogel nimmt, sondern nur Keulen, geht das erstaunlich einfach. Tut mir aber einen Gefallen: Lasst die Haut dran.

- 6 Hähnchenoberschenkel mit Haut und Knochen
- 2 EL (20 g) gemahlene Fenchelsamen
- 1 EL (10 g) frisch gemahlener schwarzer Pfeffer, plus mehr nach Geschmack
- ½ TL (1 g) Cayennepfeffer
- 5 Knoblauchzehen, gerieben
- 1 TL (5 g) Salz, plus Salz nach Geschmack
- 2 EL (6 g) fein gehackter Salbei
- 2 EL (6 g) fein gehackte Petersilie
- Pflanzenöl zum Braten
- 3½ EL (50 g) Butter
- 8 Zweige Thymian

1 Den Backofen auf 200 °C vorheizen.

2 Den ersten Hähnchenschenkel mit der Haut nach unten auf ein Brett legen. Mit einem scharfen, schmalen Messer – am besten einem Ausbeinmesser – am Knochen entlang hineinstechen. Nun das Fleisch rundherum behutsam vom Knochen abschaben, bis es vollständig abgelöst ist und der Knochen frei liegt. Dabei die Klinge so dicht wie möglich am Knochen entlangführen. Den Knochen herausziehen, eventuell verbliebene Knorpel herausschneiden. Die restlichen Hähnchenschenkel ebenso auslösen.

3 In einer kleinen Schüssel Fenchelsamen, schwarzen Pfeffer, Cayennepfeffer, Knoblauch, Salz, Salbei und Petersilie vermengen. Die Hähnchenschenkel mit der Haut nach unten auf das Schneidebrett legen und mit der Gewürzmischung füllen. Die gefüllten Schenkel vorsichtig in eine runde Form bringen und in gleichmäßigen Abständen mit drei Stücken Küchengarn zusammenbinden, sodass die Füllung fest eingeschlossen ist und die Haut nach außen zeigt. (Das Küchengarn gut festziehen, damit sich die Pakete beim Garen nicht öffnen.) Die gefüllten Hähnchenschenkel mit Küchenpapier abtupfen und mit Salz und Pfeffer würzen.

4 Sobald es losgehen soll, in einer großen Pfanne (Ø 30 cm) den Boden mit Pflanzenöl bedecken und bei mittlerer bis hoher Temperatur erhitzen.

5 Sobald das Öl fast raucht, die Hähnchen-Ballotines mit der Haut nach unten hineinlegen und von jeder Seite 2–3 Minuten anbraten, bis sie eine appetitliche goldbraune Farbe angenommen haben.

6 Die Butter und den Thymian zugeben und die Ballotines etwa 30 Sekunden beständig mit der schäumenden Butter überziehen. Den Herd ausschalten, die Pfanne in den vorgeheizten Ofen stellen und die Ballotines weitere 10–15 Minuten braten, bis sie eine Kerntemperatur von 75 °C erreicht haben.

7 Die Hähnchen-Ballotines vom Küchengarn befreien, in Scheiben schneiden und mit einer Beilage nach Wahl servieren.

Vorbereitung
10 Minuten

Garzeit
1 Stunde 10 Minuten

Ergibt
4 Portionen

Kates Zitronenhähnchen
mit eingelegten Zitronen und Knoblauch geschmort

Dieses Rezept hat eine Vorgeschichte. Meine Frau drängt mich nämlich schon lange, Zitronenhähnchen zu machen. Nicht, dass ich ihr das vorenthalten will. Es ist nur so, dass sie explizit nach Zitronenscheiben obendrauf verlangt. Hier kommt zumindest Zitronenschale zum Einsatz, und so sollte dieses Gericht gute Chancen haben. Ob ich damit durchkomme, werden wir sehen.

- 2½ EL (38 ml) Pflanzenöl
- 4 Hähnchenkeulen (siehe **Anmerkung**)
- Salz und frisch gemahlener schwarzer Pfeffer nach Geschmack
- 1 mittelgroße gelbe Zwiebel, gewürfelt
- 20 Knoblauchzehen, geschält
- 1 EL (10 g) geräuchertes Paprikapulver
- ½ TL (2 g) gemahlener Kreuzkümmel
- 1 TL (3 g) gemahlene Kurkuma
- ¾ TL (1 g) Safranfäden
- 250 ml trockener Chardonnay
- 250 ml Hühnerbrühe
- 150 g Castelvetrano-Oliven (grüne Oliven aus Sizilien), entsteint, plus mehr zum Garnieren
- 2 EL (30 g) fein gewürfelte Schale von 1 eingelegten Zitrone
- 2 Lorbeerblätter
- 2 EL (6 g) fein gehackte Petersilie, plus mehr zum Garnieren

1 Das Öl in einem großen Schmortopf bei mittlerer bis hoher Temperatur kräftig erhitzen, bis es flimmert. Die Hähnchenkeulen mit Küchenpapier trocken tupfen und großzügig mit Salz und schwarzem Pfeffer würzen. Die Keulen in dem heißen Öl von jeder Seite 2–3 Minuten goldbraun anbraten – portionsweise, falls nötig, damit es kein Gedränge gibt im Topf. Auf ein Blech oder einen großen Teller legen.

2 Die Hitze auf mittlere Stufe reduzieren, Zwiebelwürfel und Knoblauch in den Topf geben und 2–4 Minuten anschwitzen, bis die Zwiebel weich zu werden beginnt. Paprika, Kreuzkümmel, Kurkuma und Safran unterrühren, die Gewürze kurz anrösten, dann mit dem Chardonnay ablöschen. Die Mischung bei mittlerer bis starker Hitze zum Kochen bringen.

3 Die Flüssigkeit auf etwa die Hälfte einkochen lassen, dann die Hühnerbrühe zugießen. Die Hähnchenkeulen nebeneinander mit der Haut nach oben in den Topf legen. Oliven, Zitronenschale und Lorbeerblätter dazugeben und alles zugedeckt 45–60 Minuten schmoren, bis das Fleisch durchgegart und zart ist.

4 Die Hähnchenkeulen mit einer Schaumkelle oder einer Küchenzange vorsichtig herausnehmen und auf eine vorgewärmte Platte legen. Ist viel Schmorflüssigkeit im Topf verblieben, diese bei mittlerer bis starker Hitze auf die Hälfte einkochen, bis die Sauce leicht eindickt. Die Petersilie unterrühren und die Sauce mit Salz und Pfeffer abschmecken.

5 Die Hähnchenkeulen auf eine Platte geben und mit der Sauce überziehen. Mit einigen Extraoliven sowie Petersilie garnieren und mit Reis servieren.

ANMERKUNG: *Ich bevorzuge ganze Hähnchenkeulen, so hat man vier anständige Portionen, ihr könnt aber auch Ober- und Unterschenkel kaufen.*

Texas Smoked Brisket

Eine ganze Rinderbrust im Smoker zuzubereiten erfordert Hingabe. Wenn ihr bereit seid, mehr Zeit dafür zu investieren als für eure eigenen Kinder, dann könnt ihr euch mit diesem Rezept als Pitmaster profilieren.

Vorbereitung
30 Minuten, plus über Nacht kühlen

Garzeit
14–17 Stunden, plus Ruhezeit

Ergibt
20–24 Portionen

1 ganze Rinderbrust (5,5–6,8 kg)

60 g Salz

35 g mittelfein geschroteter schwarzer Pfeffer

1 Die Rinderbrust parieren und von der Silberhaut befreien, falls nötig. Die Fettauflage bis auf eine 7 mm dicke Schicht abschneiden. Die Brust auf ein Backblech legen.

2 Das Salz und den Pfeffer in einer kleinen Schüssel vermengen. Die Rinderbrust von allen Seiten großzügig mit der Mischung würzen und die Gewürze fest andrücken. Das Fleisch über Nacht unbedeckt in den Kühlschrank stellen.

3 Einen Barbecue-Smoker mit Eichen- oder Pekanholz auf 110 °C vorheizen. Die Rinderbrust vom Blech nehmen und so in den Smoker einsetzen, dass das dicke Ende in Richtung Hitzequelle zeigt. Die Brust 8–9 Stunden im Smoker garen, bis sie eine Kerntemperatur von 75 °C erreicht hat.

4 Die Rinderbrust vorsichtig auf einen extragroßen Bogen Pink Butcher Paper legen. (Pink Butcher Paper ist ein von Pitmastern überall in den Vereinigten Staaten verwendetes BBQ-Kraftpapier, in das das Fleisch in dieser Zubereitungsphase eingewickelt wird.) Das Fleisch fest und vollständig in das Papier einwickeln und wieder in den Smoker legen (die Temperatur darin sollte nach wie vor 110 °C betragen). Die Rinderbrust weitere 6–8 Stunden garen, bis sie an der dicksten Stelle eine Kerntemperatur von 94–96 °C erreicht hat.

5 Die eingewickelte Rinderbrust mit einigen warmen, feuchten Tüchern in eine Kühlbox legen. Die Box verschließen und das Fleisch darin 1–2 Stunden ruhen lassen.

6 Die Rinderbrust mit einem Sägemesser oder einem extrascharfen Tranchiermesser quer zur Faser in Scheiben schneiden und mit Beilagen eurer Wahl genießen – Pickles und Barbecue-Sauce sollten auf jeden Fall dabei sein. (Aber das Fleisch ist so gut, dass ihr die Beilagen glatt vergesst.)

Vorbereitung
10 Minuten

Garzeit
10 Minuten

Ergibt
12 Patties

Die ultimativen Frühstücks-Patties

Kleine Schweinsbratwürste sind in Amerika zum Frühstück sehr beliebt. Aber ich habe nie verstanden, warum man sie fertig kauft. Warum sich am Tag zuvor nicht 10 Minuten Zeit nehmen, um sie selbst zu machen? Wenn ihr keine Lust habt, okay, aber erzählt mir nicht, ihr hättet keine Zeit dazu. Sicher, Patties sind noch keine Würstchen, aber sie haben alles, was wir an Würstchen so lieben.

- 450 g Schweinebauch ohne Schwarte, in 2,5 cm große Würfel geschnitten (siehe **Anmerkung**)
- 450 g ausgelöster Schweinenacken, in Stücke geschnitten (siehe **Anmerkung**)
- 1¼ EL (15 g) brauner Zucker
- 2½ TL (15 g) feines Meersalz
- ½ TL (2 g) Natriumglutamat (nach Belieben)
- 1½ TL (5 g) fein gemahlener schwarzer Pfeffer
- ½ TL (1 g) Cayennepfeffer
- 2 TL (12 g) gemahlene Fenchelsamen
- ¼ TL (1 g) gemahlene Piment
- 2 TL (7 g) Knoblauchpulver
- 1½ EL (6 g) fein gehackter Salbei

1 Schweinebauch und Schweinenacken durch die feine Scheibe des Fleischwolfs drehen. (Lasst die Masse ein zweites Mal durch, wenn das Brät extrafein sein soll.)

2 Die Hackmasse in einer großen Schüssel mit sämtlichen anderen Zutaten verkneten, bis alles gleichmäßig vermengt und die Masse homogen ist. Jetzt könnt ihr die Masse entweder zu einer Rolle formen, in Frischhaltefolie wickeln und einfrieren, über Nacht zugedeckt in den Kühlschrank stellen oder gleich weiterverarbeiten.

3 Sobald ihr startbereit seid, die Hackrolle in zwölf gleich große Scheiben schneiden und zu Patties abflachen. Eine Pfanne (Ø 25–30 cm) mit etwas Backspray einsprühen und bei mittlerer bis hoher Temperatur erhitzen. Die Patties portionsweise von jeder Seite 3–4 Minuten braten, bis sie durchgegart sind und eine Kerntemperatur von 74 °C erreicht haben.

4 Die Frühstücks-Patties mit Beilagen eurer Wahl servieren.

ANMERKUNG: *Falls ihr keinen Fleischwolf habt, kauft einfach ein knappes Kilo Schweinehack mit möglichst hohem Fettanteil. Meidet das magere Zeug, damit funktioniert es nicht. Niemand will in trockene, krümelige Patties von der Konsistenz übergarter Falafel beißen. Wir wollen es fett und saftig!*

Texas Toast Smashburger

Vorbereitung
10 Minuten

Garzeit
13 Minuten

Ergibt
4 Smashburger

Wesentlich besser als das Zeug aus einem Fast-Food-Laden, der nicht genannt werden soll. Ihr wisst, wer gemeint ist.

- 675–900 g Rinderhack (mindestens 25 Prozent Fett)
- 1 mittelgroße weiße Zwiebel, in ganz dünne Scheiben geschnitten (siehe **Anmerkung**)
- Salz und frisch gemahlener schwarzer Pfeffer nach Geschmack
- 8 Scheiben Cheddar

Texas Toast

- 115 g weiche gesalzene Butter
- 3 Knoblauchzehen, fein gehackt
- 3 EL (9 g) fein gehackte Petersilie
- 1 mittelgroßes Kastenweißbrot, in 2 cm dicke Scheiben geschnitten

Burger-Sauce

- 115 g Mayonnaise
- 2 EL (75 g) Dijonsenf
- 2½ TL (12 g) Zucker
- 2 EL (30 ml) Salsa Valentina oder eine andere scharfe Chilisauce
- Salz und frisch gemahlener schwarzer Pfeffer nach Geschmack

1 Für den Texas Toast eine Grillpfanne oder den Backofengrill bei mittlerer Temperatur vorheizen.

2 Die Butter, den Knoblauch und die Petersilie in einer Schüssel verrühren. Die Brotscheiben von beiden Seiten mit der Knoblauchbutter bestreichen und von jeder Seite 2–3 Minuten grillen, bis sie goldbraun sind. (Oder die bestrichenen Toastscheiben auf ein Backblech legen und unter dem Backofengrill von jeder Seite etwa 3 Minuten goldbraun und knusprig rösten.)

3 Für die Burger-Sauce in einer kleinen Schüssel Mayonnaise, Dijonsenf, Zucker und Chilisauce verrühren. Mit Salz und Pfeffer abschmecken und beiseitestellen.

4 Das Rinderhack in acht gleich große Portionen teilen und zu Bällchen formen.

5 Zwei Toastscheiben von einer Seite großzügig mit der Burger-Sauce bestreichen.

6 Eine schwere Pfanne (Ø 30 cm) großzügig mit Backspray einfetten und bei mittlerer bis hoher Temperatur erhitzen. Die ersten beiden Hackbällchen in die heiße Pfanne legen und dazwischen mindestens 7,5 cm Platz lassen. Einige Zwiebelscheiben auf das eine Bällchen häufen und das Bällchen mit einem Spatel oder einer Burgerpresse zu einem Patty von knapp 7 mm Stärke flach drücken. Das Patty mit Salz und Pfeffer würzen und 45 Sekunden braten. Wenden und die andere Seite würzen. Eine Scheibe Cheddar auflegen und schmelzen lassen. Sobald der Käse geschmolzen ist, ist das Patty fertig.

7 Das Patty aus der Pfanne nehmen und auf eine der mit Sauce bestrichenen Toastscheiben legen. Mit dem zweiten Hackbällchen in gleicher Weise verfahren und das fertige Patty auf das erste geben. (Am besten arbeitet ihr mit einer großen Pfanne, so könnt ihr die Patties für mehrere Burger gleichzeitig zubereiten.) Die beiden Patties jeweils mit einer zweiten Toastscheibe bedecken (die mit Sauce bestrichene Seite nach unten). Die restlichen drei Smashburger in gleicher Weise zubereiten. Sofort genießen.

ANMERKUNG: *Die Zwiebel muss wirklich ganz dünn geschnitten werden (etwa 4 mm), damit der Burger seine volle Wirkung entfaltet. Mein Vorschlag: Erledigt das auf einem Gemüsehobel, dann werden die Scheiben gleichmäßig dünn.*

Vorbereitung
10 Minuten

Garzeit
30 Minuten

Ergibt
4 Portionen

Lamm-Schawarma

Nein, ihr müsst euch dafür nicht extra einen Drehspieß zulegen. Ihr könnt einfach die Fleischscheiben auf einen Spieß stecken und bei nicht zu starker Hitze grillen, wobei der Grill geschlossen sein und das Fleisch häufig gewendet werden sollte. Der Charme eines guten Schawarmas besteht in den hauchdünn heruntergeschnittenen Schichten Fleisch, die heiß und saftig in einem warmen Pita-Brot landen. Darum lieben wir Schawarma.

- 1 TL (2 g) getrockneter Oregano
- 1 EL (10 g) gemahlener Kreuzkümmel
- 2 TL (6 g) Paprikapulver
- ½ TL (1 g) Cayennepfeffer
- 5 Knoblauchzehen, ganz fein gehackt
- 1½ EL (22 g) Salz
- 80 ml natives Olivenöl extra
- 680–900 g ausgelöste Lammschulter, in 8 mm dünne Scheiben geschnitten
- 4 Pitabrote, aufgebacken
- ½ Eisbergsalat, in dünne Streifen geschnitten
- 2 Tomaten, in dünne Scheiben geschnitten

Knoblauchsauce

- 115 g Mayonnaise
- 1 EL (3 g) fein gehackter Dill
- 2 Knoblauchzehen, gerieben
- 2 TL (10 ml) frisch gepresster Zitronensaft
- Salz und frisch gemahlener schwarzer Pfeffer nach Geschmack

1 In einer kleinen Schüssel Oregano, Kreuzkümmel, Paprikapulver, Cayennepfeffer, Knoblauch, Salz und Olivenöl sorgfältig verrühren. Die Lammscheiben in eine große Schüssel geben und mit der Gewürzmischung einreiben, bis sämtliche Scheiben gleichmäßig bedeckt sind.

2 Die Fleischscheiben in kleinere Stücke schneiden falls nötig. Die Stücke dicht an dicht auf zwei bis drei stabile Metallspieße stecken, sodass sie jeweils einen langen schmalen Zylinder bilden.

3 Einen Grill vorheizen, einen Bereich mit mittlerer bis starker Hitze einrichten, einen zweiten mit milder Hitze. Den Grillrost mit Backspray einfetten.

4 Die Spieße auf die heiße Seite des Grills legen und von jeder Seite 2–3 Minuten kräftig Farbe annehmen lassen. Anschließend auf die weniger heiße Seite legen, den Grill verschließen und das Fleisch 30–45 Minuten grillen, bis es durchgegart ist. Regelmäßig wenden.

5 Während das Fleisch gart, die Knoblauchsauce zubereiten. Dazu Mayonnaise, Dill, Knoblauch und Zitronensaft in einer Schüssel verrühren und mit Salz und Pfeffer abschmecken.

6 Zum Servieren das Lammfleisch in dünnen Scheiben von den Spießen schneiden. Die aufgebackenen Pitabrote mit dem Fleisch füllen, mit Salat, Tomatenscheiben und 1 Klecks Knoblauchsauce garnieren und servieren.

A

B

C

D

E

F

G

M

N

O

P

R

S

T

W

Z

Danksagung

Meine Frau Kate: Danke, dass du mein Gefasel und meinen endlosen Schwall an Ideen ertragen hast. Genauer gesagt, danke für dein offenes Ohr, wenn ich pausenlos über dieses Buch geredet habe, und für deine guten Ratschläge, wenn ich nicht so recht wusste, wie ich die Dinge angehen soll. Vor allem aber danke für das knusprige Ende deines Croissants. Ich liebe dich, Buddy.

Vicram Chatterjee: Danke für deine schonungslose Attacke auf unsere Ziele. Dass du die Dinge auf Kurs gehalten hast, als große Änderungen anstanden ... bei der Arbeit an diesem Buch ... und natürlich für deine hervorragenden Fotos. Du bist eine Urgewalt, jeder weiß das.

Das Kulinarik-Team (Angela Majko, Cameron Gaab, Samantha Manansala, Dan Castro): Nochmals vielen Dank für alles, was ihr in die Shootings für das Buch gesteckt habt. Ganz zu schweigen von eurer Hilfe, die Kohärenz der Rezepte zu wahren, wenn man bedenkt, wie hektisch es zuging! Besonderen Dank an Angela und Cameron, die sich reingehängt haben wie niemand sonst, den ich getroffen habe, um die Dinge am Laufen zu halten, während ich mich auf die Fertigstellung des Buches konzentrierte. Ihr wart so gut zu mir, ich kann euch gar nicht sagen, wie dankbar ich dafür bin. Kann ich doch ... ich tue es gerade. Ich liebe euch beide, eure kulinarische Energie wird auf ewig geschätzt.

Meine Manager Josh und Brian: Danke, dass ihr meine Schutzengel seid. Ich schätze und weiß genau, was ihr alles für mich tut, und bin unglaublich dankbar dafür. Für mich seid ihr eher gute Freunde als Geschäftspartner. Danke für die wertvollen Einblicke und eure Arbeitsmoral. Nun, da das Buch fertig ist, sollten wir mehr Zeit miteinander verbringen.

Mein Buch-Team (Brook Farling, Alexander Rigby, Rebecca Batchelor): Dieses Buch war ein echter Ritt bei der knappen Zeit, die zur Verfügung stand. Ihr seid absolute Rock-Stars, und ich wüsste mich nirgends besser aufgehoben, als bei euch, um dies wahr werden zu lassen. Das Buch ist wunderschön geworden, und ihr habt geholfen, ihm den richtigen Stempel aufzudrücken. Danke für euer Vertrauen und dass ihr das Buch über die Ziellinie gebracht habt.

Brandi Bowles von UTA: Danke, dass du für mich eingetreten bist und immer an meine Arbeit geglaubt hast! Du hast mir das nötige Selbstvertrauen gegeben, selbst daran zu glauben, vor allem in Sachen Bücherschreiben. Danke dafür, ich würde sagen: bis zum nächsten Mal!

Die UTA Queens (Ali Berman, Mahzad Babayan, Kirvy Van Erkel): Bereits bei meinem ersten Buch einige meiner größten Vertrauens-Booster, und auch jetzt wieder. All die unterstützenden Texte beim Verlegen meines ersten Buches haben mich darin bestärkt, Ja zu einem zweiten zu sagen! Noch wichtiger aber, ihr seid unglaubliche Geschäftsfrauen, die mir zu einem großen Fundus an Wissen in der Unterhaltungsbranche verholfen haben, das in alles fließt, was ich tue. Vielen, vielen Dank.

Ian Purkayastha von Regalis Food: Ich weiß es wirklich zu schätzen, dass du uns so viele unglaubliche Dinge und seltene Produkte für dieses Buch besorgt hast. Du bist ein echter Freund und Teamplayer.

Ein dickes Dankeschön an das Kulinarik-Team, das die Foto-Shootings so spielerisch aussehen ließ. Ein Berg von Planung und extrem aufwendige Vorbereitungen wurden von leichter Hand erledigt.

… oh, und danke an Sully, unseren Studio-Hund.

Über den Autor

Joshua Weissman ist seit Kindesbeinen ein Food-Besessener. Wünschten sich andere Kinder ein Video-Game zum Geburtstag, wollte er ein komplettes Schlachttier, um es zu zerlegen und zuzubereiten. Im Alter von 19 begann seine Karriere als professioneller Koch, die ihn zu einigen Top-Adressen der US-Gastroszene führte. Mit seinem kompromisslosen und unkonventionellen Stil begeistert er auf seinen Online-Plattformen mehr als 20 Millionen Fans. Sein erstes Buch wurde zum New-York-Times-Beststeller. Joshua Weissman lebt in Austin, Texas, wo man ihn gewöhnlich bei der Arbeit im Studio antrifft. Oder er steht in seiner Küche und kocht für seine Frau.